우리는 항상 죽음을 향해 가고 있다

죽음과 죽어감에 대한 이해

합신 포켓북 시리즈 07

우리는 항상 죽음을 향해
가고 있다

초판 1쇄 2019년 11월 15일

발 행 인 정창균
지 은 이 헤르만 셀더하위스(Herman Selderhuis)
옮 긴 이 이승구
펴 낸 곳 합동신학대학원출판부
주   소 16517 수원시 영통구 광교중앙로 50 (원천동)
전   화 (031)217-0629
팩   스 (031)212-6204
홈페이지 www.hapdong.ac.kr
출판등록번호 제22-1-2호
인 쇄 처 예원프린팅 (031)902-6550
총   판 (주)기독교출판유통 (031)906-9191

ISBN 978-89-97244-72-0
값 7,000원

이 도서의 국립중앙도서관 출판예정도서목록(CIP)은 서지정보유통지원시스템
홈페이지(http://seoji.nl.go.kr)와 국가자료종합목록시스템(http://www.nl.go.kr/
kolisnet)에서 이용하실 수 있습니다. (CIP제어번호 : CIP2019042121)

죽음과 죽어감에 대한 이해

우리는 항상 죽음을 향해 가고 있다

칼빈, 존 오웬, 리처드 백스터의
죽음과 죽어감에 대한 이해

헤르만 셸더하위스
이승구 옮김

합신대학원출판부

우리는 정통개신교신자들입니다. 정통개신교는 명실
공히 종교개혁신학의 가르침과 전통에 서 있습니다.
그러나 우리의 신학은 단순히 개혁자들의 가르침들
을 재진술하는 정도에 머물러서는 안됩니다. 전문신
학자들의 사변적 논의와 신학교 강의실에만 갇혀있
어서도 안됩니다. 그것은 평범한 신자들이 알아들을
수 있는 말로 현장의 그들에게 전달되어야 합니다. 그
리고 그들이 현장에서 늘 경험하는 현실의 문제들을
말해주어야 합니다. 다른 말로 하면, 우리의 신학은
오늘의 현장에서 작동하는 것이어야 합니다. 이것은
개혁신학을 탐구하는 신학도들이 걸머져야 할 중요
한 책임입니다. 우리는 "신학의 현장화"라는 말로 이
것을 요약해왔습니다.

"합신 포켓북 시리즈"는 이러한 노력의 일환으로
합신이 펼치는 하나의 시도입니다. 현장에서 신앙인
들이 직면하는 특정의 문제, 혹은 신학이나 성경의 주

제를 이해하기 쉬운 일상의 말로 풀어서 분량이 많지 않은 소책자의 형식에 담았습니다. 모든 신앙인들이 관심 있는 특정의 주제를 부담 없이 접하고 어려움 없이 이해하여 현장의 삶에 유익을 얻도록 안내하려는 것이 이 시리즈의 목적입니다. 이 시리즈의 책들을 교회에서 독서클럽의 교재로 사용할 수도 있습니다. 담임목회자들은 교회의 특별집회의 주제로 이 책을 선정하여 성도들이 이 책을 읽고 집회에 참여하도록 할 수도 있습니다.

이 책은 암스테르담의 아펠도른신학교 헤르만 셀더하위스(Herman Selderhuis) 총장이 합신의 정암신학 강좌와 청교도 신학강좌에서 행한 강연을 따로 모은 것입니다.

현장에서 작동하는 신학이 되어야 한다는 신념으로 합신의 교수들이 정성을 들여 펼쳐내는 "합신 포켓북 시리즈"가 이 나라 교회현장의 신앙인들에게 이곳저곳에서 큰 유익을 끼치게 되기를 기대합니다.

합동신학대학원대학교
총장 정 창 균

Herman Selderhuis

헤르만 설더하우스

네덜란드 아펠도른 신학대학교 총장,
역사신학 교수

죽음과 죽어감에 대한 칼빈의 견해

1
우리는 항상 죽음을 향해 가고 있다

칼빈

(John Calvin, 1509-1564)

I. 서론

"나는 내 몸이 점점 후패해 가는 것을 보고 있다. 조금 남은 생기마저 매일 같이 사라지고 있으니, 나는 내게서 그리 멀지 않은 곳까지 다가온 죽음을 마주하여 생각하고 있다."[1]

칼빈은 이렇게 말하는 셈이다. 나의 몸은 쇠약해져서 날마다 나빠져 간다. 죽음을 생각하기 위해 먼 곳을 갈 필요가 전혀 없다. 죽음은 이를테면 10리그 거리(약 30마일)에 있다. 예전에 리그는 시간을 나타내는 말로 사용되었으므로 이는 열 시간을 말한다. 1리그를 걷는 데는 한 시간이 필요하다. 칼빈은 1554년에 했던 욥기 설교에서 자신은 죽음으로부터 10시간 거리에 있다고 말하였다. 물론 그 때로부터 10시간 뒤에 죽은 것은 아니고 10년 후에 죽었다. 그러나 이 말은 죽음이 항상 그와 동행하였다는 것을 분명하게 해준다. 죽음은 계속 그를 따라다녔고, 일찍부터 그와 함께하였으며, 그를 당혹하게 하는 것이기도 했다.

이 글은 죽음, 그리고 죽음과 관련된 것들에 대한 칼빈의 신학적 견해를 다루려는 것이 아니다. 물리적 죽음과 영적인 죽음에 대한 칼빈의 견해에 집중하려는 것이 아니다. 자신의 체계 안에 잘 맞지 않는 사실과 씨름하는 이, 그리스도인이요 동시에 인문주의자로서 갈등하는 상황 속에서 그 문제와 씨름하는 이의 말을 여러분들과 함께 들어 보려고 한다. 필자는 칼빈이 죽음의 실재와 죽어감의 사실을 다루는 방식에 초점을 맞출 것이다. 아직 그런 책이 쓰이진 않았지만 칼빈의 죽음의 신학을 쓰려면 한 권의 책이 필요할 것이다. 따라서 이 짧은 글에서는 주제를 이렇게 제한하지 않을 수 없다.[2] 근래 최초기 근대의 죽음과 죽어감에 대한 연구가 이루어졌으나[3] 부드럽게 말한다고 해도, 그 연구들 속에서 칼빈은 거의 나오지 않는다. 그러므로 그의 서거 450주기는 이 문제를 심도 있게 살펴볼 만한 좋은 기회이다.

첫 부분에서는 칼빈 개인의 삶에서 죽음이 어떻게 하나의 실체가 되었는지를 간단히 묘사해 볼 것이다. 둘째 부분에서 죽음을 어떻게 기독교적인 방식으로 대해야 하는지 칼빈의 주석들과 설교들에 근거하여 요약해 보려 한다. 그리고 셋째 부분에서 죽음이 실제 삶에서 다가올 때 과연 죽음관이 기능을 하는지, 한다면 어떻게 기능하는지를 보여 주고자 한다. 사랑하는 사람들의 죽음을 겪은 칼빈의 경험과 사랑하는 이들을 잃은 사람들을 위로한 그의 사례를 통하여 구체적으로 드러낼 것이다.

II. 칼빈이 삶에서 겪은 죽음에 대한 경험

초기 근대에 살던 여느 사람들과 같이 칼빈에게

도 죽음은 일상적으로 어디에서나 경험하는 실체였다. 그가 겪은 일들을 묘사한 표현을 보면 그것이 얼마나 실존적이었는지 잘 알 수가 있다. 칼빈은 인생을 하나님께서 우리를 트랙에 놓으시고 작은 장애물 코스를 뛰어넘게 하시는 것으로 보고 "하나님께서 잘 조직해 놓으신 짧은 경주"라고 말한다. 하나님께서 우리를 곧 데려가실 것이므로 짧은 경주이다(CO 31. 834). 인생은 짧고 별 의미가 없다. 어디를 돌아보던지 죽음과 절망이 드러난다. 우리의 내면도 망가져서 그저 죽음을 비출 뿐이다. 삶에서 벌어지는 일들이 모두 최종적 파멸을 위한 서주(prae-ludium interitus)일 뿐이라는 것은 진실 아닌가?(CO 32. 73) "우리 인간들은 마른 풀과 같고, 순식간에 시들고, 죽음에서 결코 멀지 않다. 사실 우리는 지금 이미 무덤 속에 살고 있는 것과 다를 바 없다"(CO 32. 66). 우리의 생명은 "마치 비단 줄에 걸려 있는 것 같고" "우리는 수천의 죽음으로 에워싸여 있다"(CO 31. 302). 죽음은 출생에서부터 시작한다. "태에서 나오는 것은 수천의 죽음 가운데로 입장하는 일이다"(CO 31. 656). 삶은 신속히 날아가기에 태어나

자마자 다시 죽는 것과 같다(CO 32. 73). "왜냐하면 이 세상에서 수많은 악을 경험한 후에 우리는 모두 아주 신속히 무덤으로 향해야만 하기 때문이다. 그리고 죽음에서 경험하는 것은 우리 존재의 온전한 멸절 말고 무엇이 있는가? 시신은 또 얼마나 빨리 부패하던가!"[4] 우리는 매순간 어디서나 수많은 죽음을 직면한다. 칼빈은 삶이란 깨어지기가 매우 쉽고 죽음은 매순간 도처에서 도사리고 있다는 것을 잘 의식하고 있다. 자주 인용되지만 칼빈의 진술은 언제 들어도 인상적이다.

고개 들어 위를 쳐다보면 얼마나 많은 위험이 우리를 위협하고 있는가? 아래로 땅을 내려다봐도 역시 또 거기에 얼마나 많은 독이 도사리고 있는가? 얼마나 많은 야수들이 산산이 찢으려 하는가? 뱀들은 또 얼마나 많은가? 칼과 함정과 걸림돌들과 맹수들과 건물 안의 감옥들과 돌들과 날아오는 창들은 또 얼마나 많은가? 말하자면 우리는 한 걸음을 뗄 때마다 열 죽음을 만날 뿐이다(CO 40. 135-36).

칼빈은 위험으로 가득 찬 세계에서 산다. "도시에서는 많은 사고들이 기다리고 있다. 그러나 또한 길을 모르고 숲 속으로 들어가면 곧 사자들과 늑대들의 먹이가 될 위험을 마주할 뿐이다"(CO, 32. 136). "배를 탄다 해도 죽음에서 겨우 한 걸음 떨어져 있을 뿐이다. 말 위로 오르다가 발이 미끄러져 죽을 수도 있다. 시가지를 걷더라도 가옥들 지붕 위의 기와들만큼 많은 위험 요소가 널려 있다. 당신이나 친구가 무기를 지니면 사고로 다칠 위험이 크다"(*Institutes*, 1. 17. 1).

그 시대의 모든 사람들, 그 시대의 모든 어린 소년소녀들과 같이 칼빈은 사람들이 거리에서 죽는 죽음을 보았고, 많은 아기들의 사산(死産) 사실을 알았다. 그 많은 시신들이 시내 한가운데로 실려 가는 것을 보고 또 유럽의 전쟁터에 널브러진 많은 시체들을 목도하였다. 칼빈 자신에게 더 의미심장했던 사건은 1515년에 발생한 어머니 쟌느의 죽음이었다. 그는 여섯 살 때 어머니를 잃었다. 엄마의 죽음이 여섯 살짜리 아이의 정서에 지대한 영향을 미치는 사실은 16세기에 살든지 21세기에 살든지 다를 바 없다. 또한 후에 칼빈은 아내 이델레트와 함께 얻은 독자의 죽음을 경험하게 된다. 1542년 7월 28일에 이델레트는 아들을 낳았고, 그 아이에게는 칼빈의 삼촌 쟈크의 이름을 따라 세례가 베풀어진다. 이 아기는 출생부터 위험을 동반하였다고 칼빈은 쓰고 있다(CO 12. 420). 조산(早産)으로 태어난 아기였던 것이다. 쟈크는 그로부터 두 주 조금 더 살고서 죽었다. 조산으로 나와서 서둘러 갔다. "하나님께서 나에게 아들을 주신 뒤 곧 그를 데려 가셨다"(CO 9. 576). 또한 결혼 생활 9년 만에 이델레트도 세상을 떠났다. 칼빈은 이델레트의 마지막 순간들을 파렐에게 써 보냈다. 밤새도록 여러 번 아내에게 왔다 갔다 하면서 하나님의 은혜로 격려하다가 마침내 기도하기를 그쳤다고 하였다. "여덟 시가 되기 직전 아내는 조용히 마지막 숨을 쉬었죠. 그래서 거기 있던 사람들도 그녀가 삶에서 죽음으로 자리를 옮기는 것을 알아채지 못할 정도였어요"(CO 13. 229). 칼빈은 자신이 슬픔으로 온전히 압도되지 않도록 최선을 다했다고 파렐에게 고백하였다. 잠시도 쉬지 않고 일을 하는 것이 그가 상실과 맞서는 방식이었다. 아내와 아들을 잃은 것 외에도 칼빈은 그가 사랑하였던 많은 사람들의 죽음에 대해서도 편지에서 언급하였다.

칼빈이 '우리는 삶의 한복판에서 죽음에 에워싸인다'고 한 말은 잘 알려진 중세의 노래에 잇대어 쓴 표현이다. 그는 자신이 말하는 내용의 정확한 의미를 잘 알았지만, 그 노래를 통하여 또한 우리가 죽음 가운데서 생명에 둘러싸일 것이라는 그의 확신을 드러내길 원했다.[5] 이런 그의 확신은 저술 작업에도 반영되는데, 죽음에 대하여 같은 방식으로 제시된다. 이제 그 주제로 논의를 계속하겠다.

III. 칼빈 사상에서 죽음 이해

죽음은 『기독교 강요』에서 큰 주제로 다루어지지 않고, 두드러지게 언급하는 일도 드물다. 죽음을 따로 다루는 곳은 미래의 삶에 대한 묵상(the medita-

tio future vitae) 부분이 유일하다. 영생의 맥락에 직접 연결하여 제시하고 있다. 성경 특히 사도 바울이 말한 이생의 비참함과 사후 삶의 영광을 언급한 후에 "죽는 날과 종국적 부활의 날을 즐거이 기다리지 않는 사람은 그리스도의 학교에서 향상할 수 없다"는 결론에 이를 뿐이다.[6] 이는 지상의 삶을 무시하거나 경멸하는 것이 아니다. 영원한 생명의 영광에 비추어 볼 때 부요와 건강 같은 이 세상의 좋은 것들은 임시적이요 깨지기 쉽기에, 영원한 삶에서 하나님과 함께할 것을 기다리는 것과는 비할 수 없다는 뜻이다. 기쁨으로 죽음을 기다린다는 것은 실상 충만한 삶으로 즐거이 기다리는 상태이다. 따라서 칼빈은 그리스도인이라고 자랑하면서도 죽음을 소망하기는커녕 말만 들어도 큰 두려움에 사로잡혀서 떨고, 죽음을 무시무시한 재앙으로 여기는 많은 이들을 도무지 이해할 수 없었다.[7] 그렇게 두려워할 이유가 없는데도 그리스도인들에게 그런 두려움이 있음을 잘 아는 터라 그리스도인이 왜 죽음을 두려워하는지 이해할 수 없다고 말한다.

그의 생의 말기인 1562년, 칼빈은 삼십 년 전에 일어났던 박해의 두려움에 대해서 말하였다. 사무엘하 설교에서 그가 피난하기 전 프랑스에 있던 때를 회고하면서 자신이 얼마나 박해를 두려워했었는지를 언급했다. "나는 얼마나 두려웠는지 이 두려움을 없애기 위해서 죽기를 바랐을 정도이다"(칼빈의 사무엘하 설교, 122). 죽음에 대한 두려움보다 더 심한 것은 죽은 다음에 올 일에 대한 두려움이다. 이런 의미의 두려움은 죄인으로서 하나님 앞에 서게 되는 것에 대한 두려움으로 표현된다. 이 두려움은 우리가 하나님을 더 잘 알아 갈수록, 그리고 하나님을 위해 살기를 더 갈망할수록 증가한다(CO 31. 77). 이것은 "죄인이 마침내 심판자 앞에 서게 되고 심판자의 엄중한 진노가 영원한 죽음을 제외한 수많은 죽음을 평가하리라"는 깨달음이다(CO 31. 318).

칼빈의 생각 가운데 드러나는 이런 이중적인 면을 살피는 일은 흥미롭다. 그는 하나님을 더 잘 알아갈수록 죽음에 대한 두려움이 증가한다고 말하면서, 동시에 그리스도의 학교에서 자라가는 것은 즐거이 죽음을 기다리는- 실제로 하나님을 더 잘 알아가는 것과 다르지 않은- 것이라고 말하고 있기 때문이다. 이 이중성은 우리가 칼빈의 신학만이 아니라 루터에게서도 발견된다. "의인인 동시에 죄인"(simul iustus et peccator)이라는 신학이 그것이다. 죄인으로서 나는 죽음을 두려워한다. 그러나 의인으로서 나는 죽음을 기쁨으로 기다린다. 후자 곧 의인으로서 기쁘게 죽음을 기다리는 것이 결정적이기에 신자들은 죽음에 대한 두려움을 떨쳐야 한다(CO 31. 303). 신자가 임종의 자리에서 자기의 죄나 예정에 대한 의심 때문에 주저하는 일에 대하여 『기독교 강요』와 다른 저술에서 일말의 암시조차 없다는 것은 전혀 놀랍지 않다. 죽음 앞에서 괴로워할 이유를 가진 이는 그리스도를 거절한 사람들뿐이다.

미가서 5장을 다룬 설교에서 칼빈은 삶의 한가운데 존재하는 죽음에 관한 중세의 노래를 다시 불러들여서 신자와 불신자의 구별에 적용한다. 먼저, 불신자들은 하나님과 그리스도인들을 거부하면서

"그들이 할 수 있는 것은 아무 것도 없다"는 것을 알게 된다고 말한다. "왜냐하면 그들은 죽음 가운데서 그들의 삶을 살고 있기 때문이다. 하나님의 은혜에 저항할 정도로 타락한 사람은 삶의 한가운데서 죽음을 겪는 비참한 자라고 이미 지적하였다." 그런데 신자들에게는 정반대로 적용된다. "왜냐하면 그와는 반대로 하나님께서 우리 손을 붙들고 안전하게 지켜 주시는 한 우리는 죽음에서도 생명을 경험하기 때문이다."[8] 임종 자리의 신자에게 예정에 대한 투쟁은 존재할 수 없으므로 자기의 죽음이 곧 삶이라는 것을 신자가 알기 때문이다.

죽음의 중요성을 신학적으로 다루는 구절에서 칼빈은 경험적 차원까지 설명한다. 『영혼 수면설에 대한 논박』(*Psychopannychia*)에서 죽음은 죄에 대한 형벌이며, 따라서 죽음은 완전한 절망을 가져온다고 진술한다. 죽음은 진노로 형벌하시는 하나님께서 죄인인 우리에게 내리신 것이다. 하나님이 우리 아버지이시고 그리스도께서 '인도자와 동반자'이심을 믿는 신자에게만 심판대 앞에서 마주하는 절망이 진정된다.[9] 물론 이 확신은 죽음이 참으로 비참하다는 사실을 제거하지 못한다. 앞서의 인용문에서 칼빈은 지나가는 말로 "죽음은 공포와 고독으로 가득 차 있다"고 전한다.[10] 이런 강력한 표현은 칼빈이 죽음을 사소한 것으로 취급하지 않았음을 보여준다. 그에게 죽음은 우리를 떨게 하는 것이요 반드시 고독한 사건으로 찾아오는 실존적 경험이었다. 창세기 38장 7절 주석에서도 같은 말을 하므로 이것은 그리스도인들에게도 마찬가지임을 분명히 말할 수 있다. 죽음이 더 이상 절망의 대상은 아니지만 그리스도인들에게도 죽음은 여전히 꽤나 두렵다.[11] 사정이 달라진 믿는 자들에게는 죽음이 더 이상 해를 미치지 못하지만 그래도 여전히 매우 부담스러운 대상이다.[12] 이 두려움이 계속되는 사실을 칼빈은 인정한다. 그러나 예수 그리스도를 전혀 알지 못했던 때처럼 죽음을 두려워하는 그리스도인들을 나무란다.[13] 칼빈의 생각에 이 문제에 대해서도 "동시에"(simul)는 유효하다. 따라서 필자는 칼빈이 죽음을 "두려운 동시에 위로를 주는"(simul terror et consolatio) 대상으로 생각했다고 정리한다.

칼빈은 또한 죽음에 대한 운명론적 견해에 대해서 매우 비판적이다. 하나님께서 섭리 가운데서 우리의 죽음의 순간을 이미 정하셨으므로 어쩔 수 없으며 그로부터 벗어나려고 애쓰는 것은 다 부질없는 일이라고 말하는 사람들을 강하게 비판한다.[14] 칼빈이 한 표현들로부터 우리는 그가 어떤 생각을 하는지를 잘 알 수 있다. 운명론자들은 죽음의 순간에 우리가 할 수 있는 것은 아무 것도 없다고 하면서, 만일 우리가 무엇인가를 하려고 한다면 그것이 하나님의 뜻에 저항하는 일이라고 한다. 그런 자들은 미래를 위해 계획하는 것을 의심하며, 노상강도가 없다고 알려진 노선을 따라 여행 계획을 세우는 것도 무의미하다고 한다. 연약한 건강을 위험에 빠뜨리지 않도록 식사 조절을 하면서 부드러운 음식을 먹으려고 하는 것도 의문시한다. 이런 모든 계획들이 다 하나님의 섭리에 반하는 것이라고 주장한다. 어떤 이들은 때로 이런 태도를 칼빈주의의 전형이라고 하지만 칼빈은 강력히 부정한다. 하나님께서 계획하셨지만 우리의 책임은 남는다.[15] 하나님이 우리들 죽음의 순간을 정하신다. 그러나 우리는 자기 생명을 힘써 돌보아야 하고 위험에 떨어지게 해서는 안 된다.

칼빈이 현세 삶의 비참함 특히 몸의 비참한 상태를 언급하면서 우리가 소망하는 완전히 새로운 상태를 대조하는 점은 흥미롭다. 죽음은 몸과 영혼의 결합이 끊어지는 것이며,[16] 죽음으로 영혼이 풀려난다고 말한다. 그러나 여기서 육체를 영혼의 감옥으로 칭하며 몸을 소홀히 생각하는 플라톤주의적 이원론자의 견해를 듣는 것이 아니다. 계속해서 질병과 맞서고 생애 대부분의 기간에 머리와 몸에 고통을 겪은 이가 "확고하며, 온전하고, 부패하지 않으며, 종국적인 천상의 영광으로 갱신되는" 몸을 소망하는 소리를 듣고 있다. "우리의 몸이라는 불안정하고, 결함 있으며, 부패하고, 덧없고, 쇠하며, 무너질 육신의 장막"을 벗어 버리기를 갈망하는 소리를 듣는 것이다.[17] 이 세상의 삶은 좋은 것이다. 하지만 만일 당신의 몸이 칼빈처럼 계속 고통을 겪게 되면 당신도 새로운 것을 얻기를 간절히 바랄 것이다. 지상의 삶, 그리고 몸과 영혼의 관계에 대한 칼빈의 견해는 자신의 지속되는 질병과 고통으로부터 영향을 받았다. 이 문제에 대한 그의 견해를 평가하기 위해서는 이런 전기(傳記)적인 면을 반드시 고려해야 한다. 그러면 그가 이 세상의 삶이나 인간의 몸이란 측면을 비하하려는 의도가 없었음이 분명해진다. 오히려 칼빈은 불멸성에 참여할 대상이므로 몸을 존중해야 한다고 명시적으로 말한다.[18] 하나님께서 우리의 몸을 다시 일으키실 것이라는 사실은 하나님이 몸에 얼마나 큰 가치를 돌리고 계신지 잘 말해 준다. 또한 삶 전반에 대해서도 평가 절하하지 않는다. 다가올 생명을 갈망하는 것은 종국적으로 그 때 진정한 삶이 시작될 것이기 때문이다.

신자들이 죽음을 어떻게 대해야 하는지는 사무엘하 12장 주석에서 쉽게 찾아볼 수 있다. 칼빈은 다윗과 밧세바 사이의 아이, 그들이 범한 죄 때문에 죽은 이 아이의 죽음에 대한 다윗의 태도를 상당히 길게 논의하고 있다. 사무엘하 12장 23절에 의하면, 그 아이가 병들어 있을 동안에 금식하면서 몸을 괴롭게 하던 것에 비해서 다윗은 이제 이미 죽은 아이의 죽음 때문에 자신을 더 괴롭히는 것이 무슨 유익이 있는지 반문한다. "마치 다윗이 모든 인간적 감정을 상실한 것처럼 보인다"고 칼빈은 말한다.[19] 그러나 바로 덧붙여 말하기를, 이런 말은 다윗이 아이의 죽음에 대해서 애도하지 않았다는 것이 아니고, 그 애통의 성격이 이제 바뀌었다는 뜻이라고 한다. 첫 번의 애통은 마땅히 자신이 받아야 할 고통을 아이가 받는 것을 보면서 죽음에 이르지 않기를 바라는 것에 초점을 맞춘 애통이었다.[20] 그러나 이제 아이가 죽었으니 자신의 죄에 대한 애통이 아니고 모든 사람이 자연스럽게 갖춘 사랑의 감정에서 나온 애통이 다윗 안에 있었다. 주목할 만한 흥미로운 사실은 다윗이 아기의 죽음에 대하여 애곡한다고 성경 본문은 명시하지 않는데도 칼빈은 다윗이 애곡을 하였다고 말하면서 다윗이 그렇게 한 까닭을 설명한다.

이렇게 애곡을 더 자세히 설명하는 것은 아이를 잃은 경험이 있는 칼빈이 다윗이 어떻게 느꼈을지 잘 알았으리라는 사실과 관련된 것이 분명하다. 여기서 다시 한번 칼빈은 다윗과 동일시하면서 아이의 죽음에 대한 다윗의 애통을 설명한다. 성경 본문은 그것을 말하고 있지 않음에도 그렇게 해명하고 있다. 이런 식의 드러냄은 분명히 인간의 감정이 타당하다는 것을 옹호한다. "우리가 깊이 사랑하던 사람을 기리며 애곡하는 것은 매우 자연스러운 것이기 때문이다."[21] 아들의 죽음 앞에서 감정을 드러내지 않는 아비는 괴물일 뿐이라고 칼빈은 말한다.[22] 슬픈 감정을 드러내는 것은 자연스러운 일이므로 그리스도인들에게도 낯설지 않다. 그러나 그리스도인들은 그런 감정에 압도되지 않도록 주의해야 한다고 칼빈은 지적한다. 이런 전형적인 태도를 칼빈의 핵심어로 표시하면 절제(moderation)로 나타낼 수 있다. "신실한 사람들은 자신의 슬픈 감정을 존중해야 하지만 지나치지 않도록 해야 한다."[23] 우리는 구약에서, 또 신약에서 그것을 발견할 수 있다. 칼빈에 따르면 사랑하는 사람의 죽음에 대해 슬퍼하고 애통해하는 것을 바울은 금하지 않았다. 하지만 그 슬픔과 애통은 적당한 한계 안에 머물러야 한다고 했다.[24] 죽음이 하나의 실재라는 것을 계속해서 상기함으로써 신자들은 이런 태도를 가질 수 있다. 죽음이 우리의 마음에 항상 있게 해서 "우리가 지나치지 않도록 절제에 익숙해져야" 한다.[25] 그런 절제는 다음에 올 생명에 초점을 맞추도록 돕는다. 칼빈은 이것을 신앙의 성장의 한 표지로 여겼다. 이런 절제가 없다면 마치 천국 소망이 없는 것처럼 비탄에 젖어서 애통하게 될 것이기 때문이다.

절제가 죽음 이후의 영원한 생명에 초점을 맞추도록 한다는 이 관점이 칼빈 사상의 근간이다. 이것은 칼빈의 설교나 다른 저술에서 사람들이 회개하도록 하기 위해 죽음의 두려움이나 지옥의 공포를 묘사하지 않는 이유이기도 하다. 칼빈은 또한 임종의 침상에서 자신의 예정 여부의 문제로 씨름하는 사람들에게 확신의 말을 전하지도 않는다. 선택 교리는 그런 투쟁을 일으키지 않는다고 생각하였기 때문이다. 그의 수많은 서신 교환 가운데서도 그런 투쟁을 한 칼빈주의자는 만나볼 수 없다. 그러므로 칼빈의 예정론과 섭리론이 죽음의 침상에서 확신의 여지를 주지 않는다든지,[26] 장례식에서 슬픈 감정을 표현할 여지를 주지 않는다는 주장은 전혀 근거가 없다. 그러나 그 역(逆)은 참이다. 만일 죽음과의 어떤 투쟁이 있다면 그것은 칼빈 자신의 투쟁이다. 그는 죽음을 인간의 죄에 대한 하나님의 심판의 결과로 받아들이기 때문이다. 그렇지만 죽음과 죽어가는 자아는 그의 사상 체계에 잘 들어맞지 않는다. 칼빈은 '질서'에 집착한다고 할 정도였기에 죽음 같이 질서에서 벗어난 중요한 것을 받아들이지 못한다. 그는 죽음을 다루되 파악하고 통제하면서 합리적으로 설명해 보려 했지만 해낼 수 없었다. 욥기 설교에서 칼빈은 죽음은 그저 무질서에 불과하다고 서술한다. "죽음은 하나님의 질서를 뒤엎는다."[27] 이것은 인간들이 왜 죽음을 그토록 혐오하는지도 설명한다. 우리의 본성은 자신의 멸절을 원하지 않게 하기 때문이다.[28]

이것이 죽음이라는 사실에 대해서 칼빈이 말한 모든 것을 요약한 내용이다. 칼빈은 죽음을 어떻게 다루어야 하는지 더 알기 원하는 사람들에게 키프리안(Cyprian)의 유명한 책자 '피할 수 없는 죽음'(mortality)을 읽도록 권한다. 그러나 우리는 칼빈이 죽음에 대하여 무엇을 말하고 죽어가는 상황에서 어떻게 했는지 알기 위해 칼빈의 편지들을 살펴보려고 한다.

IV. 칼빈의 편지들에 나타난 죽음

칼빈이 죽음을 어떻게 보고 있는지, 또 죽음을 바라보는 그리스도인의 태도는 어떠해야 하는지에 대한 견해는 그가 자신의 슬픔을 다룬 방식뿐 아니라 죽음에 대한 다른 사람들의 슬픔을 다룬 방식에 반영되어 있다. 그것을 살펴보면서 우리는 칼빈 역시 이론과 실천이 항상 균형을 이루고 있지 않음을 볼 것이다. 죽음 앞에서 감정을 전혀 드러내지 않고 눈물 한 방울 흘리지 않으며 사랑하는 이들의 장례를 치르는 사람, 그렇게 아버지 하나님의 손에서 오는 것은 다 그대로 받아들일 준비가 되어 있는 사람이 칼빈주의자의 이미지라는 인식이 없지 않다. 그러나 그런 태도를 처음 일으키고 확산시킨 이가 적어도 칼빈은 아니라는 사실은 확실하다. 그에게 유일한 위로는 "그리스도인에게는 죽음조차 불행한 상황이 아니다"(CO 6. 631)라는 것인데 과연 그것은 사실이다. 하지만 동시에 칼빈의 편지는 사랑하는 이들의 죽음 앞에서 눈물로 가득 차 있다. 이런 슬픔이 만사를 하나님께서 주관하고 계신다는 믿음과 갈등하는 것이라고는 생각하지 않았다. 슬픔의 눈물을 흘리는 것과 하나님의 섭리에 대한 믿음은 대립하는 것이 아니다. 왈도파가 핍박받고 고난당하는 소식을 듣고서 칼빈은 파렐에게 편지를 썼다. "저는 눈물로 이 편지를 씁니다. 슬픔에 가득 차 있고 때때로 눈물이 쏟아져서 잠시 멈추기도 하면서 이 편지를 쓰고 있습니다"(CO 12. 76). 바렌(Varennes)의 영주인 그의 친구 기욤 드 트리(Guillaume de Trie)가 죽었을 때, 칼빈은 너무 슬퍼서 병이 날 정도였다. "사랑하는 바렌을 빼앗긴 저는 큰 슬픔 가운데서 침대에 누워 이 편지를 대필시킬 정도입니다"(CO 18. 649). 이 두 인용문만으로도 사랑하는 사람들의 죽음이 칼빈을 얼마나 아프게 했는지를 보여주기에 충분할 것이다.

프랑크푸르트에 있는 프랑스 피난민 교회를 섬기던 동료 목사가 그의 아내를 잃었을 때 보낸 위로 편지에서 칼빈은 이렇게 말한다. "아내를 잃은 상처의 고통이 얼마나 극심한가요? 저 자신의 경험에서 이 말씀을 드립니다. 7년 전 일을 통해 그런 슬픔을 다루는 것이 얼마나 어려운지 지금도 생생하게 기억합니다"(CO 15. 867). 이델레트가 죽은 지 7년이 지났지만 그녀의 죽음에 대한 슬픔을 지금까지 느끼고 있다. 그저 편지 가운데서 과거를 언급할 뿐인데도 슬픔에 직면하고 있다.

그의 동료 꾸로(Courault) 목사가 죽었을 때, 칼빈은 자신이 파선하였다고, 슬픔 때문에 하루가 어떻게 지나는지도 모르겠다고 쓰고 있다. 하루 종일 이 문제를 다시 생각하는데, 낮 시간의 고통에 이어 밤의 공포가 몰려온다고 한다. 그가 직접 말한다.

꾸로 목사님의 죽음은 거의 나를 파선시킬 만큼 심각하여 나는 더 이상 고통을 견딜 수가 없습니다. 낮에는 이 일을 생각하는 것 말고는 다른 어떤 일도 할 수 없습니다. 낮 시간의 무시무시한 고통에 잇대어 또한 밤의 고뇌가 따라옵니다. 나에게 아주 친숙한 불면의 많은 시간들뿐만 아니라, 밤새도록 눈을 감지도 못하니 모든 기력이 다 빠져 나갑니다. 제 건강에 이보다 더 해로운 일은 없을 것입니다(CO 10. 273).

그러나 앞서 언급한 것처럼 이런 감정들이 '이 세상에서 이뤄지는 모든 일들이 하나님의 섭리적 돌보심 아래 있다'는 칼빈의 확신을 결코 빼앗아 가지 못한다. 칼빈은 이 모든 정황들 안에서 죽어감, 죽음, 그리고 상실의 고통을 하나님이 인도하시는 삶과 연결 짓는다. 하나님께서는 이 모든 일이 어떤 선을 위하여 의도하신 것이라는 점을 끊임없이 분명히 하는 방식으로 그리하신다는 것이다. 칼빈과 아주 가까웠던 집사 끌로드 페이(Claude Féray)가 전염병에 감염되어 죽자 자신이 완전히 파선하였다고 쓰고 있다. 모든 정황 가운데서 그의 지지자요 피난처였던 이가 자신에게 얼마나 큰 의미를 지니는지 알게 되었을 때 하나님께서 그 친구를 데려가셨다. 그 일로써 하나님께서 자신의 죄를 엄중하게 지적하셨다고 칼빈은 결론 내리고 있다(CO 11. 213). 자녀가 죽었을 때도 칼빈은 같은 말을 한 적이 있다. 칼빈은 파렐이 이델레트에게 위로의 편지를 보내준 것에 감사를 표하였다. 그녀는 슬픔에 사로잡혀서 도무지 감사의 편지를 쓸 수 없는 상황이라고 설명하면서 칼빈은 이렇게 썼다. "우리 어린 아들의 죽음으로 하나님께서는 우리를 되게 치셨습니다. 그러나 그분은 우리의 아버지이십니다. 아버지는 자녀들에게 무엇이 선한지를 잘 아십니다."(CO 11. 430)

죽음에 대한 슬픔을 하나님이 돌아보시는 섭리와 연결하는 것은 칼빈의 전형적인 모습이다. 이는 칼빈이 리쉬부르(Richebourg) 공(公)의 아들 루이가 역병으로 사망했을 때 그를 위로하기 위해 보낸 편지에서도 잘 예증된다(CO 11. 188-94). 위로의 편지에 대한 에라스무스의 지침을 따라 작성한 이 편지는[29] 칼빈이 사는 것을 어떻게 이해했으며, 하나님의 인도하심을 어떻게 이해했는지를 잘 드러내어 준다.

개혁자들에게 공통의 확신이었던 섭리에 대해서 칼빈이 실제로 어떻게 생각했는지, 또 그 확신이 실제로 어떻게 보였는지를 알기 원하는 사람들은 이 편지를 읽어 보면 된다. 칼빈은 루이의 선생님이었던 그의 친구 끌로드 페이의 죽음에 대한 자신의 슬픔을 말하는 것으로 시작한다. 그리고 이 역병이 스트라스부르에 창궐하고 있으므로 자신의 가족에 대해서도 염려를 표한다.

끌로드 선생님과 당신의 아들 루이가 죽었다는 소식을 받았을 때, 나는 너무 놀라고 낙담하여 며칠 동안 그저 울기만 했습니다. 하나님의 임재 가운데 기운을 차리고 필요한 때에 허락하시는 피난처를 통해 위로를 찾으려 하지만, 여전히 본래의 자리를 찾지 못한 것처럼 느낍니다. 사실 반은 죽은 사람처럼 일상적인 일을 거의 하지 못합니다.

여기에 하나님의 전능한 힘에 뿌리를 내려서 견고하고, 감정적으로 전혀 요동하지 않는 대담한 모습은 보이지 않는다. 그 어떤 것도 그저 스쳐 지나가게끔 하는 강한 칼빈의 상은 나타나지 않는다. 오히려 슬픔에 사로잡혀서 어찌할 바를 모르는 칼빈의 모습을 본다. 그는 자신이 경험한 상실과 슬픔을 언급하며 리쉬부르 공을 위로한다. 어려운 정황 속에서도 굳건히 서라고 권면하는 것이 자신에게 결코 쉬운 일이 아닌 것을 보여 준다. 그는 자녀를 잃은 고통을 알았고, 그 상실이 주는 부재의 고통을 알았으며, 그런 때 나타나는 "도대체 왜?"라는 질문의 부담을 잘 알고 있었다. 그러나 그러하기에 칼빈은 리쉬부르 공에게 하나님의 섭리를 바라보라고 정확히 말할 수 있었다.

우리에게 가장 힘 빠지고 기운 떨어지는 일은 공연한 불평과 질문 속에 갇히는 것입니다. '왜 이런 일이 일어났나요? 다른 방식으로는 왜 안 됩니까? 무

엇 때문에 이번 일이 그렇게 발생했는지요?' 우리
편에서 잘못을 하거나 해야 할 일을 등한히 했다면
그런 말을 할 이유가 성립합니다. 그러나 이 문제에
서 잘못한 것이 없다면, 그런 불평을 할 여지가 전혀
없는 것입니다.

이렇게 해서 칼빈은 고통 속에 있는 아비가 덧
없는 질문을 끊임없이 하고 자책하는 일로부터 해
방을 시켜주고 있다. 그가 아는 위로할 수 있는 유
일한 결론으로 인도하고자 하였다. "당신의 아들을
데려가신 이는 우리 모두를 그의 소유로 만드시고
잠시 동안 우리에게 아들을 돌보도록 맡기셨던 하
나님이십니다. 그렇게 맡기신 상황조차 늘 그분의
소유였습니다."

이런 이유로 칼빈은 현재의 삶을 '오는 생명'과
대조한다. "아들 생각에 깊이 빠져들 때면 이 어두
운 시절에 우리의 삶이 선한 목적 가운데로 정결하
게 들어가는 것이 얼마나 어려운지를 살펴보시기
바랍니다. 어린 날 구원을 받아서 새로운 자리로 옮

겨진 사람이 얼마나 행복한가를 분명히 생각하실 수 있을 것입니다." 칼빈이 우리의 삶을 폭풍 속을 항해하는 여정으로 그리고 있는 맥락이다. 기대보다 더 빨리 안전한 항구에 이른 것이 얼마나 복된 것이냐고 말하고 있다. 칼빈은 또한 이 소년의 신앙과 행위를 칭찬한다. 그에게 기대하던 좋은 것들을 기린 것이다. 그러나 칼빈은 리쉬부르 공이 즉각 제기할 수 있는 반론 또한 모르지 않았다. 자신의 아들이 지금 하늘에 있음을 알지만, 그러나 아들을 잃은 부재의 현실은 그대로 남아 있지 않느냐는 반론이 그것이다. 칼빈 자신도 그런 의문과 더불어 어떤 위로도 그것을 해소할 수 없다는 사실을 잘 알고 있었다. 그럴지라도 하나님의 방식이라는 사실이 우리가 죽음을 슬퍼하는 것을 막지는 않는다.

당신은 이 모든 것을 몰아내기가 너무 어렵다고 말할 것입니다. 아들의 죽음이 가져온 고통에서 벗어나려고 아비의 슬픔을 몰아내거나 억누르기가 너무도 어려울 것입니다. 그렇습니다. 당신에게 더 고통을 받지 말라는 것이 아닙니다. 우리가 하나님께서

주신 인간의 감정을 제쳐 버리고 돌과 같은 존재가
되어야 한다는 것은 그리스도의 학교에서 배운 인
생관이 아니기 때문입니다.

이 편지는 칼빈이 죽음과 슬픔을 어떻게 다루는
지를 매우 상세하게 보여주는 사례이다. 그의 편지
들은 더 많은 것을 이야기해 준다. 예를 들어 그의
친구였던 기욤 드 트리의 죽음에 대해서 쓸 때, 앞
에서 말한 대로 칼빈은 그야말로 몸져누웠다. 그는
침상에서 쓰길, 마지막에는 트리가 하늘 현관에서
자신을 맞아 주리라는 것이 위로가 되지만 그 위로
가 자기의 슬픔을 다 가져가지는 않는다고 하였다.
그것을 한마디로 요약하였다. "그는 지금 복된 상
태에 있지만 나는 비참한 가운데 있다."[30] 이 두 편
지는 모두 칼빈이 자신의 원칙인 절제의 원리에 부
응하기 어려웠음을 보여 준다. 사실 그는 페이의 죽
음을 언급하는 편지 말미에서 한 고백처럼 자신이
너무 멀리 갔던 것을 인정한다. "나는 그저 나의 슬
픔을 간단히 언급하려고 했습니다. 그러나 지금 주
체할 수 없이 많은 말을 하고 있습니다." 칼빈은 자

신이 다른 사람들에게 그렇게 하라고 하는 대로 다 지키기가 상당히 어렵다는 것을 인정한다. 지나치지 않음은 덕이다. 그것이 칼빈에게 이상적인 태도이다. 그러나 그는 또한 영은 원하지만 육신이 연약하다는 예수님의 말씀이 진리라는 사실을 사도 바울과 함께 인정할 수밖에 없었다.[31]

V. 칼빈의 죽음

생애 마지막 시기에 칼빈은 죽음을 갈망한다거나 적어도 죽음이 곧 올 것이라는 말을 자주 썼다. 사는 것은 그에게 투쟁이 되었고, 그 상황에서 자기 삶에 대해 말하면서 곧 제대하기를 바라는 군인이 병역의무를 감당하는 것처럼 이야기한다(CO 15. 357).

당신이 조심해서 살펴본다면, 계속 노쇠해지는 것 말고는 아침에 일어난 사람이 걸을 수도 없고 음식을 먹을 수도 없으며 손 하나도 제대로 움직일 수 없음을 알게 될 것입니다. 시간이 별로 없습니다. 우리의 삶은 눈 깜짝할 사이에 흘러가서 사라지는 것을 인정해야 합니다.... 우리는 항상 죽음을 향해 가고 있고, 죽음은 우리 곁에 와 있고, 우리는 결국 죽음에 이르게 됩니다(CO 33. 212).

영원한 삶으로 들어가는 기쁨에서 비롯된 칼빈의 격려와 기대와 표현 같은 모든 것들 옆에는 또 하나가 나란히 놓여 있다. 우리가 점점 늙어가고 삶이 점점 짧아져 간다는 것을 기뻐하는 것은 몹시 어색하다는 사실을 그가 인정하지 않을 수 없었던 점이 바로 그것이다.[32] 칼빈도 피할 길 없이 450여 년 전인 1564년 5월 27일 별세했다. 그리고 그 다음 날 1564년 5월 28일 주일 오후 2시에 그가 요청한대로 (CO 21. 105-106) 평범하게 쓰이는 나무 관에 실려서 일반 묘지(Plein Palais)에 안장되었다. 많은 사람들이 참석한 장례식은 단정한 나무 관처럼 진지하고 수수하게 치러졌다. 모든 것을 지나치게 하지 않는다는 그의 원칙은 장례식에서도 잘 지켜졌다.[33] 장례식은 육신을 무덤에 묻는 것이기에 그의 인격 전체가 묻히지는 않는다. 그는 사람들이 하늘에서 서로 알아볼 것으로 생각하면서 좀 더 멀리 나아간 표현을 쓰기도 했다. 프랑크푸르트에 있던 프랑스 피난민 교회의 목사 리샤르 보빌(Richard Vauvill)의 아내가 죽었을 때에 칼빈은 위로 편지를 보냈다. "당신이 이 세상을 떠나면 다시 즐거이 재결합하고 싶어 하는 여인과 살게 될 것입니다."(CO 15. 867). 그렇게 칼빈은 죽으면 이델레트와 재결합할 것으로 여겼던 것이다.

또한 그는 하늘에서 신학적 논의와 대화를 할 것으로 기대하였다. 루터가 결코 받아 보지 못한 루터에게 보낸 편지에서 칼빈은 그들이 하늘에서 함께 있으면서 조용히 논의를 계속할 수 있으리라고 썼다. 같은 말을 멜란히톤에게 한 적도 있는데, 그와 함께 하늘에서 잔치를 벌이기 원한다고 하였다. 둘의 성격을 생각할 때 그 잔치는 수수하고 쉽게 먹을 수 있는 음식들이 베풀어지고 춤은 없는 잔치가 될 것이다. 잔치야 어떻든 일단 이 세상에서 죽음이 찾아오면 거기에는 눈물과 위로가 있게 된다는 것을 칼빈은 잘 알았다. '그리고 죽음에는 탈출구가 없으며 죽음이 끝은 아니다. 죽음을 향해 갈 때 그 것은 실상 참된 삶을 향해 가는 것이다.' 이것이 또 한 칼빈이 명확히 안 것들이다.

VI. 요약과 결론

필자가 내리는 결론은 이러하다.

1. 칼빈의 작품에는 예정과 선택의 주제가 임종 침상에서 하는 고뇌와 의심의 원인으로 나타 난 일이 없다.
2. 칼빈은 죽음에 직면하여 슬픔의 감정을 가지 는 것을 자연스럽고 성경적인 것으로 여겼으 며 죽음에 대한 자신의 감정을 공개적으로 드 러내었다.
3. 죽음을 슬퍼하는 일에서 지녀야 할 그리스도 인의 태도에 대한 칼빈의 교훈과 그의 구체적 인 목양 접근 사이에는 일종의 긴장이 있다.

즉 죽음과 죽어감에 대한 그의 가르침과 자신의 실제 모습 사이에는 긴장이 있다.

4. "칼빈의 생애와 신학에 나타난 죽음"이라는 주제는 그 동안 칼빈 연구에서 크게 간과해 온 분야이다.

이런 네 가지 결론은 칼빈 자신의 말로 가장 잘 요약될 수 있을 것이다. 이델레트가 죽었을 때, 칼빈은 자신의 가장 친한 친구를 잃었다고 말했다(CO 13. 230, 228-29). 그것만으로도 상당한 고백이다. 그런데 그의 아내의 죽음이 무엇을 의미하는지를 다음 같이 표현한다. "하나님께서 근자에 아내를 고향의 그분에게 데리고 가셨기에 나는 반쪽 사람일 뿐입니다"(CO 20. 394). 죽음 앞에서 천상의 위로가 있으나 지상의 큰 상실이 있는 것도 사실이다. 죽음은 칼빈을 반으로 갈라놓았다. 신앙으로 가득 찬 사람이지만 죽음이 균형을 철저히 앗아갔다.

죽음과 죽어감에 대한 존 오웬의 견해

2

죄인의 죽음이 아니라,
"죄 죽임"

존 오웬

(John Owen, 1616-1683)

청교도들의 죽음에 대한 이미지와 사실들

청교도들은 개인적으로나 집단적으로 강렬하고 면 제될 수 없는 죽음에 대한 공포에 사로잡혀 있었다. 동시에 그들은 죽음을 땅에 묶어져 있는 영혼이 풀 려나고 해방되는 것으로 보는 전통적 기독교의 수 사에 집착하고 있었다.[34]

스탠나르드의 책인 『청교도적 죽음의 방식』으 로부터의 이 인용문은 청교도적 전통에서 죽음이 어떻게 인식되었으며, 어떻게 다루어졌는지에 대 한 일반적 개념들을 잘 요약하고 있다. 전형적인 청 교도(the Puritan)가 과연 있는가 하는 질문을 논외로 하더라도 청교도들을 연구할 때 자료가 무엇인가

하는 질문이 제기될 수 있다. 이 소논문의 결론은 적어도 리처드 백스터(Richard Baxter, 1615-1691)나 존 오웬(John Owen, 1616-1683)은 이와 같이 죽음에 대해서 "강렬하고 끊임없는 두려움"을 가진 증거로 사용될 수 없다는 것이다. 그리고 내가 보기에는 대부분의 청교도 저자들이 이런 전형적인 그림을 지지하기에 적절하지 않은 것 같다. 그러나 이는 또 다른 기회에 긴 논문이나 책으로 입증해야 할 문제일 것이다. 여기서는 일단 오웬과 백스터에 집중해 보기로 하자. 그들이 말하는 바를 제시한 후에 그들의 생각에 대한 평가를 시도하려고 한다.

서론

    오웬의 저작에서 죽음과 죽어감이 차지하는 위치를 잘 알려주는 것으로, 랜달 그리슨의 요한 칼빈과 존 오웬의 "죽임"(mortification) 주제에 대한 비교 논문에서,[36] 그는 '장래 생명에 대한 묵상'(*the meditatio future vitae*)에 대한 칼빈의 견해를 다루는 문단을 마련하였지만 오웬에 대해서는 이와 병행하는 부분을 쓰지 않았다는 것을 언급할 수 있다. 그리스도인의 삶에 대한 오웬의 견해를 다루는 싱클레어 퍼거슨의 책에도 그리스도인의 죽음을 다루는 장이나 문단은 있지 않고 오직 한 인용문만을 제시하고 있다.[37] 그 이유는 단순히 죽음이 오웬에게는 전혀 문제가 되지 않았기 때문이다. 그의 초점은 거룩한 죽음에 있기 보다는 거룩한 삶에 있었고, 죄인들의 죽음보다는 '죄 죽임'에 관심이 있었다. 자신의 10자녀 가운데 아홉 명을 죽음으로 잃은,[38] 그리고 그의 가장 잘 알려진 책 제목에 '죽음'을 3번이나 언급하고 있는 저자에게 이것은 좀 놀라운 것일 수 있다. 그러나 오웬의 초점이 신자의 죽음이 아니라 그리스도의 죽음에 있었다는 것을 생각하면 이것은 그렇게 놀라운 것도 아니다. 오웬 저작의 주제는 소망 가운데 죽음(dying in hope)이 아니라, 거룩하게 사는 것(living in holiness)이다. 그러나 오웬의 전 저작을 자세히 살펴보면 오웬 신학에서 죽음과 죽어감에 대한 주제로 단행본을 낼 수 있을 정도로 이에 대한 언급이 많을 것이라고 예상할 수 있다. 나는 이 글에서는 그의 『히브리서 주석』만을 검토해 보려고 한다.

히브리서 주석

오웬의 저작에 죽음과 죽어감에 대한 주제가 겉으로는 많이 나타나지 않지만, 히브리서 2장 14, 15절에 대한 주석에서는 이에 대해서 정교한 논의를 하고 있다. 이 본문은 "자녀들은 혈과 육에 속하였으매 그도 또한 같은 모양으로 혈과 육을 함께 지니심은 죽음을 통하여 죽음의 세력을 잡은 자, 곧 마귀를 멸하시며 또 죽기를 무서워하므로 한평생 매여 종노릇 하는 모든 자들을 놓아 주려 하심이니"
라는 말씀이다. 오웬은 이 구절은 네 가지 사실을
전제하고 있다고 하면서 그의 강해를 시작한다. 즉,
"첫째로 사단이 죽음의 권세를 가지고 있다는 사
실, 둘째로, 그렇게 때문에 사람들이 죽음에 대한
공포로 가득 차서 그 공포 때문에 불안과 어려움이
가득 찬 삶을 영위한다는 사실, 셋째로, 이 상태로
부터의 구원은 메시야로부터만 기인한다는 사실,
넷째로, 메시야가 이를 위해 고난을 당하셨다는 사
실이다."[40] 이 모든 것이 중생하지 않은 사람의 자
연스러운 도덕적 상태와 관련되어 있다. 그런데 그
리스도께서 이 자연적 상태에 참여하시어 그의 죽
음으로 "하나님께서 영광에로 인도하시려고 계획
하신 자녀들을" 이 죽음을 두려워하는 도덕적 상태
에서 건져내신 것이다.[41] 오웬이 이 중생하지 않은
상태에 대해서 더 자세히 묘사할 때 그는 이 상태는
신자들에게는 과거의 것이라는 것을 시사하면서
계속해서 과거 시제를 사용하여 묘사하고 있다: "
그들은 죽음에 묶여져 있었다.. 그것이 그들에게 두
려움을 일으켰었다. 그 두려움은 그들을 종속시켰

다.... 그들은 죽음의 죄책에 종속하고, 복종해야 했다."[42] 오웬의 저작에서 죽음과 죽어감에 대한 언급이 왜 잘 나타나지 않은지 그 정확한 이유를 나는 여기서 발견할 수 있다고 믿는다. 그의 저작에서는 죽음이 그리스도인에게는 전혀 문제가 아닌 것이다. 그들에게는 죽음이 이제 더 이상 문제가 되지 않는 것이다. 그러나 불신자들에게는 죽음에 대한 이 공포가 어떤 것이며 그것이 어디서 온 것인지를 『히브리서 주석』에서 설명하고 있다.

두려움이란 곧 닥칠 미래의 악을 의식하는 것에서 일어나는 정신의 동요이다. 그 악이 더 큰 것일수록 (우리가 그것을 지각할 수 있는 한) 정신의 동요는 더 크다. 그렇다면, 여기서 의도된 죽음의 공포는 그들의 죄들에 대한 형벌로써 그들에게 미칠 죽음을 기대할 때 사람이 가지는 정신의 동요요 어려움이다. 그리고 죽음이 형벌로 주어지는 것이라는 일반적 가정에서, 그리고 죄를 범하는 사람은 마땅히 죽어야 한다는 것이 하나님의 심판이라는 것(롬 1:32, 2:15)에서 생기는 이 지각은 모든 사람들에게 공통

적인 것이다.[43]

그러므로 죽음은 하나님의 심판과 관련되어 있다는 일반적 의식이 있고, 이 의식을 모두 다 없애버린 사람들조차도 죽음은 형벌과 관련 있다는 것을 여전히 감지하는 것이다.[44] 이 의식에서 (죄에) 노예된 상태(the state of bondage)가 온다: "형벌로서의 죽음에 대한 예상이 그들을 종속 상태에 있게 하는 것이다."[45] 오웬은 이 노예 됨이 가져오는 부정적 감정들과, 사람들이 어떻게 그것과 죽음의 공포로부터 벗어나려고 헛되이 애쓰고 있는지를 상당히 자세하게 제시하고 있다.[46] "이것이 그리스도 밖에 있는 죄인들의 상태"라는 것을 분명히 진술하면서 말이다.[47] 그런데 문제는 이것을 자연적으로 주어진 것으로 여기는 것이다: "대부분의 사람들은 죽음을 그들의 연약한 자연 상태 때문에 주어진 일반적인 것이요 사람의 조건이라고 본다. 마치 어린아이들의 자연적 조건에 속하는 것처럼 말이다."[48]

물론 오웬은 하나님의 자녀들에게도 죽음에 대

한 공포가 어느 정도 있다는 것은 인정한다: "우리들의 현재 상태와 뗄 수 없는 자연적인 죽음에 대한 공포가 있다. 그러나 그것은 자연의 해체에 대한 혐오일 뿐이다."[49] 죽어감에 대한 이런 자연스러운 혐오는 그 정도가 사람에 따라 다르고, 믿는 사람들 가운데서도 마찬가지이다. 오웬에 의하면, 이것은 신앙의 결여와는 전혀 관계되는 것이 아니다. 그래서 그는 이것을 "죽어야 하는 조건과 떼려야 뗄 수 없게 연관되어 있는 우리들의 피곤함이나 병과 같은 죄책이 없는 연약함"일 뿐이라고 한다.[50] 마치 누구나 병들 수 있고, 피곤해 질 수 있는 것처럼, 우리들은 죽음에 대한 혐오를 가질 수 있다. 그러나 그것은 심판에 대한 깊은 두려움이나 죄인들이 될 수 있는 대로 죽음을 무시해 보려고 애쓰는 것과는 전혀 다른 문제이다. 오웬은 이를 세 번째 종류의 두려움이라고 한다. 즉, 죄와 심판을 확신하지만 복음으로 온전히 자유함을 얻지는 못한 사람이 가지는 두려움이라고 하는 것이다.

이제 우리의 논의는 어떤 사람이 신자라 불리기

위해서는 이 두려움을 얼마나 가져야 하고 자신이 죄인이라는 확신을 얼마나 가져야 하는가 하는 것이다. 그러나 오웬은 이 질문을 거부한다. 왜냐하면 이것은 우리 스스로 가질 수 있는 것이 아니고, 하나님의 법에 대한 지식이 드러내는 결과라고 보기 때문이다. 그는 죽음의 공포에 묶여져 있는 것은 의무와 같은 것이 아니라, "원하지 않게"("involuntary") 발생한 어떤 것이라는 것이다.[51] 그러나 이것은 이 상태에서 구원 받고자 하는 갈망을 일으키며, 심판으로서의 죽음에 대한 두려움과 그로부터 벗어나고자 하는 갈망 때문에 우리가 그리스도와의 교제 가운데 살도록 애쓰게 한다. 그리스도께서 그의 죽음으로 우리들을 죽음의 공포에서 해방해 주셨기 때문이다. 여기서 우리는 오웬의 『그리스도의 죽음에서 죽음의 죽음』(*The Death of Death in the Death of Christ*)이라는 책의 핵심 메시지를 발견한다. 그리스도께서 우리의 성질[인성]을 취하셔서 죽음과 그와 연관된 두려움과 불안을 다 겪으셨으니 이는 오직 하나님의 자녀들을 심판으로서의 죽음으로부터 해방하시고, "말하자면 죽음에 대한 부자연스러운 공포"(so to say unnatural fears of death)에서 온전히 벗어나도록 하기 위함이다. 간단히 말하자면, "그의 죽음은 그들을 죽음에서 구원하는 수단이었다."[52]

그리고 그리스도께서 신자들을 (이 세상에서의) 삶이 끝나고 죽음의 상태에 있게 되는 순간에 있는 현세적 죽음(temporal death)과 하나님의 자녀들이 가장 무서워하는 영원한 죽음(eternal death) 모두로부터 자유하게 하셨다는 의미에서 이 구원은 온전한 것이다. 오웬이 말하고자 하는 바는 히브리서 9장 27절의 강해에서 아주 자세하게 진술하고 있다. 그는 또한 여기서 '현세적 죽음'과 '영원한 죽음'을 구별해 말하고, 그 모두로부터 그리스도께서 어떻게 구원하셨는지도 말하고 있다.

1. 사람은 율법의 선언에 의해서 법적으로 그리고 죄에 대한 형벌로 **한번** 죽게 되어 있다. 그래서 그리스도께서 형벌적 의미에서 죄를 짊어지시고, 속죄하시고, 그로써 죽음을 제거하시기 위해서 **한번** 죽으시고, 고난당하시고, (자신을) 제물로 드리셨다. 2.

(물리적) 죽음 이후에 사람은 다시 심판을 받고, 그 정죄를 감당해야만 한다. 그래서 그리스도께서 우리의 죄와 죽음을 제거하기 위해 자신을 드리신 후에 다시 두 번째 나타나셔서 우리들을 정죄에서 벗어나게 하시고 영원한 구원을 주실 것이다.[53]

앞서 말한 (죽음에 대한) 공포는 사탄에게서 온다고 할 수 있으니, 그는 죽음이 죄에 대한 형벌이라는 사실과 우리들을 직면하게 하여 우리를 무섭게 만들 수 있다는 의미에서 사탄은 죽음의 세력을 가지고 있다고도 할 수 있다. 처음에 하나님께서 죽음을 만드신 것은 아니기 때문이다. 죽음은 하나님의 처음 창조에 있었던 것이 아니고, 죄에 대한 형벌로 죽음을 제정하신 상황에서 (범죄한) 사람에 의해 이 세상에 들어오게 되었다. 그 때문에 사탄은 우리를 두렵게 할 무기를 가지게 되었다. 그러나 사실 그것은 죽어감(dying)으로서의 죽음보다도 궁극적으로 하나님의 의로운 정죄에 직면해 영원한 죽음을 맞이하게 됨이 무서운 것이다. "하나님께서 죄에 대하여 죽음이라는 선고를 내리셨기에, 이제 죽게 되리라는 예상과 그에 대한 불안과 공포로 사람들의 양심을 괴롭게 하고 두렵게 하여 그들을 노예를 만드는 것이 사탄의 세력 가운데 있게 된 것이다."[54] 사람들이 죽어야만 한다는 사실이 그들이 하나님에 대해서 죄인이며 따라서 영원한 형벌 아래 있다는 사실과 직접 연결되어 있다는 것을 사탄이 상기시켜서 사람들을 노예로 삼을 수 있다는 데 사탄의 능력이 있다.[55]

그리스도의 죽음은 죄책을 제거하고 따라서 영원한 형벌의 근거를 제거하므로 사탄을 무력하게 한다. "그러므로 '죽음의 권세를 가진 자'의 파멸이라는 말이 의미하는 것은 그가 죽음과 그 효과와 결과들에 대해서 가지고 있었던 세력의 해체, 없앰, 제거라는 뜻이다."[56]

그러므로 사탄은 이제 하나님의 자녀들을 죄에 대한 형벌로 더 이상 무섭게 할 수 없으므로, 하나님의 자녀들은 죽음을 전혀 두려워할 필요가 없는 것이다. 믿음으로 그리스도의 죽음이 신자들에게

적용되는 순간, 신자들은 죽음의 공포에 노예가 된 상태에서 자유하게 된 것이다.[57]

오웬에 대한 논의의 결론

결론적으로 오웬은 그리스도인의 죽음이 죄에 대한 형벌이 아니라는 것을 (이에 대해서 하이델베르크 요리문답과 유사성을 보라!) 분명히 보았다고 말할 수 있다. 따라서 신자들은 현세적 죽음이나 영원한 죽음을 두려워할 필요가 없다. 그렇지만 하나님의 자녀들도 잘 알지 못하는 것 그리고 불쾌한 것으로서의 죽음에 대한 두려움을 가질 수 있다는 것을 – 여기서 우리는 목회자로서의 오웬의 음성을 듣는다! – 분명히 말할 수 있다.

죽음과 죽어감에 대한 리처드 백스터의 견해

3

"성도들의 영원한 안식",
그러나 싫은 것

리처드 백스터

(Richard Baxter, 1615-1691)

리처드 백스터의 작품들에서는 죽어감과 죽음의 문제에 대해서 더 많은 것을 발견할 수 있다. 이것은 놀라운 것이 아니니, 그는 그리스도인의 삶의 모든 측면들에 대하여 많고도 아주 자세한 지침을 주고 있기 때문이다.[58] 나의 발제문의 제목은 백스터의 『성도들의 영원한 안식』(*The Saints Everlasting Rest*)에서 따온 것이다. 이 책의 제 8장 19문단에서 그는 3번이나 계속해서 "죽음이 (이 땅의) 비참함으로부터 (하늘의) 영광에로 우리를 옮겨가게 하리라는 것을 참으로 믿는데도, (우리에게) 죽기 싫어하는 마음이 있다는 것"을 전혀 이해할 수 없다고 하면서 이 구절을 사용하고 있다.[59]

백스터에게는 그리스도 안에 있는 신자들에게 있어서 죽음은 두려워할 수 있는 어떤 것이 아니며,

마치 죽음이 모든 복과 절연되는 수단인 것처럼 그것으로부터 할 수 있으면 멀리해야 할 어떤 것이 아니다. 오히려 그에게 죽음은 모든 복의 온전함으로 들어가는 길이다. 그런데도 그리스도인에게도 죽기를 싫어함이 있고, 죽음을 두려워하는 것이 있음을 백스터는 의식하고 있다. 그래서 그는 『평화로운 죽음을 위한 지침들』(*Directions for a Peaceful Death*) 이라는 논의도 하였고, 나는 이 논의의 내용이 죽음과 죽어감에 대한 백스터의 논의의 전형이라고 여긴다. 이 작품에 대한 서론에서 그는 이 지침들이 그의 『자아 부인』(*A Treatise on Self Denial*) 책에도 나온다고 그 자신이 잘못 말하고 있다.[60] 물론 『자아 부인』의 40장에서 이 문제를 다루기는 하지만, 백스터가 따로 출간한 "평화로운 죽음을 위한 지침들"은 본래 『실천적 신학』(*A Body of Practical Divinity*) 이라는 제목의 책 안에 "나이 든 사람들과 연약한 자들과 병든 자들을 위하여"라는 장으로 출간되었던 것이다.[61]

그 장르와 그 내용이 매우 흥미로운 것인데도,

내가 알기로는 이제까지 이 작품에 대해서 별도의 관심을 지닌 논의는 없었다. 이 논의에서 백스터는 죽음에 대한 자연적 혐오가 있고, 이는 신자들의 경험이기도 하다는 오웬의 진술로부터 시작하고 있다고 할 수 있으니, 그는 죽음이 다가올 때 우리는 위로를 필요로 한다는 말로 시작하고 있기 때문이다. 그래서 그가 제시하는 지침들은 "최소한 우리의 떠남을 편안하고 평화롭게, 또한 안전하게" 하도록 하기 위한 것이라고 한다. 그는 논의 중에서는 이에 대한 20가지 지침을 말할 것이라고 하고서는 종국적으로는 18가지 지침을 말하고 있다. 백스터는 "우리들의 자연스러운 죽기 싫어함"에 대해서 더 강하게 말한다.[62]

장르(Genre)

백스터의 이 작품은 중세기에서 기원한 장르, 즉 '죽음의 기술'(the *ars moriendi*)이라는 장르에 속한다고 할 수 있다. 영어로는 '잘 죽는 기술'(the art of dying well)이라고 불리는 이런 장르의 책들은 교구민들이 죽어 갈 때 그들을 도울 수 있도록 중세의 사제들을 위한 작은 가이드라인으로 쓰였다. (중세 때의 관념에 의하면) 죽음이 다가올 때 마귀가 양심과 신자의 신앙에 작용하여 그들로 하나님께 죄를 범하도록 할 수 있다는 것이다. 이런 죄를 범하면 그들은 연옥에 더 오래 있어야 하므로, 신자들로 하여금 삼위일체 하나님과 마리아와 다른 성인들에게 초점을 맞추도록 권면하여 마귀를 쫓아내도록 돕는 것이 필요하다는 것이다. 마르틴 루터도 비슷한 논의를 하는 책을 썼는데, 이제는 종교 개혁에 의해 새롭게 된 신학의 내용으로 채워진 책을 내었다. 중세의 '죽음의 기술'은 연옥을 전제로 하고 있는 데 비해서, 루터의 출발점은 그리스도를 통해서 하나님과 온전히 화해했으므로 이제 연옥이 있을 수 없고, 믿음으로 들어가고자 원하는 모든 사람들에게 (그리스도를 통해서) '하늘의 문'(the gate of heaven)이 열렸다는 것이다. 그의 은혜의 신학은 죽음에 임박한 사람들에게 기대되는 태도도 바꾸어 놓았다. 중세의 작품들에서는 행동의 주체가 신자여서, 그 자신이 하나님과 성자들에게 초점을 맞추려고 노력해야만 했었다. 이에 비해서 루터와 그를 따르는 자들에게서는 행동의 주체가 그리스도의 십자가의 위로를 죽어가는 신자들에게 가져다주시는 하나님이다.[63]

이렇게 개혁된 '죽음의 기술'(ars moriendi)은 하이델베르크 요리문답의 저작인 자카리우스 우르시우스(Zacharius Ursinus)나 윌리엄 퍼킨스(William Perkins) 같은 다양한 칼빈주의자들과 청교도 저자들에 의해 제시된 바 있다. 특히 퍼킨스가 1595년에 출간한 『병과 죽음에 대한 논의』(A Salve for a Sick Man, or a Treatise on Sickness and Dying)는 지금도 베스트셀러의 하나이다. 이렇게 온전히 새로운 접근을 백스터도 받아들여서 작업하였는데, 그는 십자가의 신학을 떠나지 않으면서도 또 자기 나름의 기여를 하는 요소들을 도입하고 있다. 루터처럼 백스터도, 목사님들을 위해 이 글을 쓰는 것이 아니라 신자들을 위해 책을 쓰고 있다. 신자들이 이를 읽고 마음에 새겨서 죽음의 공포를 극복하도록, 그리하여 "그들의 위로의 큰 장애가 제거되도록" 하려는 것이다.[64]

내용

백스터는 죽기 전에 아픈 것은 하나님께서 우리들로 하여금 죽을 수 있도록 준비하는 시간을 주시고, 이 세상을 떠날 마음을 가질 수 있게 하려는 자비로 볼 수도 있다고 하는 말로써 그의 지침을 시작한다. 병은 세상적인 것들에 대한 갈망을 버리게 하고, 그에 동반되는 고통은 "참된 회개와 심각한 준비에 대한 커다란 부르심과 큰 도움"이 되기도 한다.[65] 이미 하나님께 아주 가까운 사람들에게는 "갑작스런 죽음이 자비일 수도 있다." 그러나 일반적으로는 병을 통해 준비시키는 데에 하나님의 자비가 나타난다. 물론 병도 없고 또 하나님과 깊은 교제가 없는 데도 준비되지 않고 죽은 사람들이 있다는 것도 언급한다. 그러나 그 문제에 대해서는 백스터가 별다른 논의를 하지 않는다. 백스터는 병들어 죽어 가고 있는 사람에게, 그 병도 주님으로부터, 우리를 사랑하시고 우리를 위해 최선의 것이 무엇인지를 아시는 그 분에게서 온 것이라는 것을 상기시켜서 그를 위로한다.

우리들의 병과 죽음도 우리에게 구주를 보내신, 그리고 그의 말씀의 강력한 설교자들을 보내신, 성령님을 보내신, 그리하여 은밀(隱密)하고도 따뜻하게 우리 마음을 변화시키시고 사랑 가운데서 자신과 연결시키신 그 같은 사랑에 의해 보내진 것이다. 우리들의 영혼과 몸을 위해 고귀한 자비의 생명을 주시고, 영생을 주시기로 약속하신 그 같은 사랑에게서 주어진 것이다. 그런데 이제 이 상황에서 그가 우리에게 어떤 해를 가하기 위한 것이라고 생각해야 하는가? 우리들이 이전에 불평했던 환란에 대해서 그리하셨던 것처럼 이것도 우리의 선으로 바꾸시지 못하시겠는가?[66]

이런 생각을 가지고 죽어가는 신자들은 "죽으시고, 상처받으시고, 부활하셨고, 승천하셔서 영화로워지신 주님을 믿음으로 보라"는 권면을 받는다.[67] 그 눈을 예수님에게 고정시키면, 그 분이 죽음을 이기고 승리하셨기에 죽음에 대한 공포를 극복할 수 있게 된다. 여기서 백스터는 (아주 자연스럽게) 그리스도와의 교제라는 주제를 도입시킨다. 그에게 일어난 일이 신자들인 우리들에게도 일어날 것임을 아는 것이 위로가 된다는 식으로 말이다. 그는 그리스도의 죽음과 장사를 열거하면서 그리스도께서 이 모든 것을 극복하셨는데, 그가 머리이시고 우리들이 그의 몸이므로 우리에게도 같은 일이 일어날 것이라고 한다. 죽음이 그를 가두어 두지 못하였으니 우리도 가두지 못한다는 것이다. 백스터에 의하면, 머리이신 그리스도와의 이런 교제는 아주 강하기에 신자는 죽을 때에 자신이 자신의 구주님에게로 간다는 즐거운 생각을 가지게 된다는 것이다. 그러므로 백스터에게는 신자들에게 죽음은 우리를 뒤흔드는 것이 아니라 즐거운 것이다. 그러나 이런 생각이 자동적으로 오는 것은 아니기에 백스터는 하나님의 약속을 주목하라고 권면한다. 그저 일반적인 방식으로 하지 말고 "당신의 상황에 가장 적절한 약속들을 선택해서, 그것을 계속해서 묵상하고, 믿음으로 그것을 먹고 그것에 의지해 살라"고 한다.[68] 병든 사람들은 너무 많은 것을 할 수 없으니, 하나님의 약속들 가운데서 두세 개를 선택해서 그것에 집중하라고 한다. 백스터는 병든 자가 그 병과 싸워 갈 때에 두려움과 슬픔 중에 의지할 수 있는 13구절을 제시하고, 그로부터 고르라고도 한다.[69] 이렇게 우리 밖에서 우리에게 오는 약속들, 외적인 말씀이 위로와 기쁨을 가져온다는 것이다. 백스터는 루터와 입장을 온전히 같이 하면서, 신자들로 하여금 자신에게서 우리 밖(extra nos)의 하나님의 약속에 집중하도록 한다.

그 다음에 병든 신자들로 하여금 하늘 영광이 지상에서의 삶보다 훨씬 더 나은 것임을 확신시킨다. 그런데 이 때 백스터가 '하늘'(heaven) 그 자체보다도 거기서 하나님을 면대면(面對面)하여 뵈옵는 것 때문에 이것을 강조한다는 것을 주목하는 것이 중요하다. 여기서는 피조계에 나타난 하나님의 일을 보지만 하늘에서는 하나님 자신을 (영적으로) 뵈올 것이다. "여기서 그의 사역을 아는 것으로도 이렇게 기쁘다면, 이 모든 것의 원인이신 분을 본다면 어떻겠는가? 하늘과 땅에 있는 모든 피조물들을 다 합해도, 거룩한 영혼들에게는 그 내용과 그것이 주는 기쁨이 결코 하나님 한 분만 못할 것이다!"[70] '하늘'에서의 모든 위로와 삶의 기쁨이 아니라, 이 하나님을 뵈옴(the visio Dei)이 '하늘'에 가는 본질적 측면이고, (우리가 죽을 때에 그 죽음으로) 죄와 슬픔으로부터 구원해 주시는 것이 아니라, 하늘에서 누리는 하나님과의 온전한 교제와 교통 때문에 지상의 삶을 떠나는 것이 기쁜 순간이 되는 것이다. 그 순간은 모세가 경험한 하나님의 등만 본 것이나 스데반이 돌에 맞아 순교할 때 본 그리스도를 봄(the visio Christi)이나 바울이 경험한 상층천으로 끌어올려 간 경험보다 더 나은 것이다. 이 모든 경험들이 놀라운 정점의 경험들이기는 하지만 '하늘'에서 "우리가 하나님의 영광을 보는 지복의 뵈옴(beatific sight)은 이 모든 것을 훨씬 넘어서는 것이다." 백스터는 이 것에 대해서 더 많은 말을 하고 싶지만 그가 이미 『성도들의 영원한 안식』에서 이에 대해서 말하였으므로, 이에 대해서는 그 책을 참고하라고 하고,[71] 죽음의 공포와 싸우는 또 다른 지침으로 나아가, 죽음 이후에 신자들은 천사들과 그 이전에 살던 신자들이 그리스도와 가지고 있는 교제를 같이 공유한다는 사실에 초점을 맞추라고 한다. "우리보다 먼저 간 그들의 기쁨을 믿음으로 보는 것과 우리와 그들의 관계를 생각하는 것은 죽음의 공포를 극복하는 데 크게 도움이 된다."[72] 여기서도 천사들이나 성도들과 함께 있을 그 전망이 아니라, 하나님과 함께 하는 그들의 기쁨에 동참하고 하나님의 얼굴을 뵈옵는 것을 주목하는 것이 중요하다. (이미 하나님과 함께 있는) 그들의 기쁨을 생각하는 것이 죽음의 공포를 정복하는 데 큰 도움이 된다. 그것이 첫째이고, 그 후에야 그들과 함께 있는 것이 지금 죽은 우리에게 도움이 되는 것이다. 그곳에서 우리와 함께 있을 이 천사들은 "우리의 특별한 친구들이고, 수호자들이며, 우리를 전적으로 사랑하는 분들이다! 지상에서 그 어떤 친구가 사랑했던 것보다 더 사랑하는 이들이다!"[73] 또한 우리들은 '하늘'에서 한때 이 땅에 있었던, 고난과 죄와 죽음을 경험한 그리하여 ('하늘'에 있는) 지금은 그 어떤 슬픔도 비참함도 공포도 가지고 있지 않은 분들과 같이 있게 될 것이다. 그 분들과 같이 있게 된다는 것이 놀라운 것이다. 그처럼 백스터에게는 더 높은 수준에서 그들의 기쁨에 참여하는 것, 그들과의 교제가 죽음을 두려

워하지 않을 이유가 될 뿐만 아니라, 어떤 순간에는 심지어 그 죽음을 동경하게 되는 이유도 된다.[74]

백스터에 의하면, 우리는 '하늘'에서 아브라함과 이삭과 야곱과 함께 있을 것이고 그들과 교제하며, 함께 하나님을 찬양하게 될 것이다. 여기서 그는 다시 한번 더 독자들에게 최고의 기쁨은 하나님을 뵈옵는 것이고 그리스도와 함께 하는 것이라는 것을 상기시킨다. 그러나 우리가 이 모든 신자들을 만나게 되리라는 것을 아는 것도 죽음 공포에 대항하여 격려와 위로가 되는 것이다.[75] 결과적으로 백스터는 우리가 '하늘'에서 보고 교제할 사람들의 긴 명단을 제시한다. 이로써 백스터는 우리가 하늘에서 서로를 알아보리라는 것을 함의한다. 백스터는 그가 제시한 명단은 그 자신이 그들과 만나 이야기하고 싶은 사람들이고,[76] 그래서 그것을 아는 것에 흥분한다고 인정할 만큼 솔직하다.

나도 에녹과 엘리야, 아브라함과 모세, 욥과 다윗,

베드로와 요한, 바울과 디모데, 이그나티우스와 폴

리캅, 키프리안과 나지안주스, 어거스틴과 크리소
스톰, 버나드(Bernard)와 게르송(Gerson), 사보나돌
라(Savonadola)와 밀란돌란(Milandula), 타울러(Taul-
erus)와 토마스 아 켐피스(Kempisius), 멜랑흐톤(Mel-
ancthon)과 알라스코(Alasco), 칼빈과 부홀처(Bu-
choltzer), 불링거(Bullinger)와 무스클루스(Musculus),
쟌키(Zanchy)와 부써(Bucer), 그리네우스(Grynaeus)
와 켐니츠(Chemnitius)와 게르하르트(Gerhard), 카미
어(Chamier)와 카펠루스(Capellus), 브론델(Blondel)
과 리베(Rivet), 로저스(Rogers)와 브래드포드(Brad-
ford), 후퍼(Hooper)와 라티머(Latimer), 힐데르샴
(Hildersham)과 아메시우스(Amesius), 랑글리(Lang-
ley)와 니콜스(Nicolls), 휘타커(Whitaker)와 카트라이
트(Cartwright), 후커(Hooker)와 베인(Bayne), 프레스
톤(Preston)과 십스(Sibbes), 퍼킨스(Perkins)와 도드
(Dod), 파거(Parker)와 볼(Ball), 어셔(Usher)와 홀
(Hall), 가타커(Gataker)와 브래드쇼(Bradshaw), 바인
(Vines)과 애쉬(Ash), 그리고 하나님의 가족에 속하
는 수많은 사람들과 함께 거할 것이다.

여기서 백스터가 누구를 언급하고 있지 않은지를 살펴보는 것은 흥미롭다. 그러나 이로부터 어떤 결론을 이끌어 내려고 하지는 말아야 할 것이다.

실천적 삼단논법(Syllogismus practicus)

<지침 8>에서 백스터는 신자들에게 이 열망을 주시는 성령님을 마음에 모시지 못한 결과로 영생에 대한 갈망을 가지지 못한 사람들은 어떻게 해야 하느냐 하는 질문으로 나아간다. 백스터는 이 목회적 질문에 대해서 실천적 삼단논법을 사용하여 답한다:

> 만일에 당신이 "나는 성령의 보증금을 가지고 있지 않은 것 같습니다"라고 하면서 두려워한다면, 나는 "거룩해지려는 당신의 열망은 과연 어디서 오는 것인가?" 하고 물을 것이다. 세상과 절연하려는 당신의 그 마음은 어디서 오는가? 소망과 행복을 위에 두려는 당신의 그 마음은 어디서 오는가? 당신이 죄

와 원수 되어 그에 대립하려고 하는 그 마음은 어디서 온 것인가? 하나님의 영광과 복음의 융성과 사람들의 유익을 향한 당신의 진지한 갈망은 어디서 오는가? 거룩함과 거룩한 사람들에 대한 당신의 사랑과 하나님을 알고 온전히 사랑하고자 하는 마음이 당신 안에 있는 천상적 성격과 영을 나타내는 것인데, 이것이 영생에 대한 확실한 증거이다. 그 영은 하늘로부터 보내진 것이며, 그 영이 당신의 마음을 올려가고 그에 합당하게 한다. 하나님께서는 그런 성향과 갈망과 준비들을 헛되이 주신 것이 아니다.[77]

그래서 만일 성령님이 자신 안에 계심을 의심한다면, 그는 하나님의 뜻을 따라 살려고 하는 자신의 열망을 바라보면서 이 의심과 싸울 수 있다. 이런 열망은 우리 마음에 계신 성령님으로부터만 올 수 있는 것이기 때문이다. 이런 열망을 주목하는 것 다음으로는 거룩한 삶이라는 사실이 중요하다. 이것은 그리스도인으로 살려고 시도하는 것뿐 아니라, 그런 시도의 결과로 자신 안에서 역사하시는 성령

님에 대한 확신을 뜻한다. 그리하여 죽음에서 하나
님과 함께 하는 영생의 삶으로 나아갔다는 확신이
있게 된다. 이런 뜻에서 백스터는 죽어가는 성도들
에게 "또한 거룩한 삶의 증거를 보라"고 권한다.[78]
물론 백스터는 우리가 거룩하게 산다고 산 이 삶은
우리가 마땅히 그래야 하는 만큼 거룩한 것도 아니
요, 죄와 실패로 가득 차 있다는 대답이 나오리라는
것을 잘 의식하고 있다. 그러나 우리가 발견할 수
있는 거룩은 오직 하나님에게서 오는 것이며 (그렇
지 않다면 당신은 하나님의 의를 당신 자신의 의로 돌리고
싶어 하는 것이다! 그러나 그것은 있을 수 없다!), 따라서
하나님께서 당신 안에서 역사하신 것이며, 하나님
께서 선한 것으로 보신 것에 대해 상을 주실 것이
다. 백스터는 우리 안에 있는 선이나 거룩성을 "복
음적 의"(evangelical righteousness)라고 부르면서, "법
적인 의"(legal righteousness)와 구별하려고 한다. 법
적인 의는 죄를 범하지 않은 순수함이든지 아니면
율법의 저주에서 벗어난 것이다.[79] 복음적 의는 그
리스도의 공로에 근거한 것이고, 우리에게 분배된
의이다. 그것은 또한 신자들의 삶에 현존하며, 죽을

때 하나님의 심판이 무섭다면 우리는 그것을 보아야 한다. 우리들은 우리들의 죄와 불의만 봄으로써 우리 안에서 그가 행하시는 사역으로 우리에게 주시는 위로를 무시하지 말아야 한다.[80]

죽음의 침상에서 우리들은 우리들의 죄를 보게 되고, 그것은 회개해야 하는 이유가 된다. 그러나 비록 불완전하기는 하지만 하나님께서 원하시는 대로 하고자 하는 열망을 주목하는 것에 확신이 있다. 백스터는 거룩에 대한 이 불완전한 열망을 우리의 죄와 죄책을 짊어지시는 그리스도와 연관시킨다. 실천적 삼단논법(The syllogismus practicus)은 신자들에게 너무 많은 관심을 집중시키는 것이 아니라, 죽어 가는 신자의 눈을 그를 위해 십자가에서 죽으신 그리스도와 은혜로운 하나님을 향하도록 돕는 것이다. 하나님께서 이 땅에서 우리에게 얼마나 선하셨는지를 본다면, '하늘'에서는 얼마나 더 하시겠는가? 그것을 알게 되면 우리는 죽음의 침상을 "그 하나님, 그렇게 부드럽게 사랑해 주셨고, 그렇게 은혜스럽게 보존해 주셨고, 나의 모든 삶의 과정에서

모든 자비가 넘치게 하셨던 그 하나님께로 가고 싶은" 갈망의 자리로 만들 것이다.[81]

<지침 12>에서는 나이가 많은 데도 죽기를 원하지 않는 신자들에게는 "하나님께 나아가기를 원하기 전에 얼마나 더 오래 살기를 원하느냐?"고 아주 솔직하게 책망한다.[82] 인생이 너무 짧다는 불평에 대해서 백스터는 "잘 살았으면, 충분히 오래 산 것이다"고 대답하면서, 젊은 나이에 죽은 많은 사람들을 돌아보도록 한다. 그러므로 (하나님께 순복하여) 하나님께서 우리의 의지에 반하여 우리를 취하시는 일이 없도록 하라는 것이다. 우리는 이 세상의 다른 피조물들과 같이 죽을 것임을 안다. 그러나 백스터가 "가련한 들피조물들"(poor brute creatures)이라고 말하는 동물들은 우리들의 배고픔을 면하게 하고, 식사에서의 기쁨을 위해 죽게 되지만, 우리들은 "그리스도와 그의 승리한 교회와 함께 기쁨 가운데서" 죽는 것이다.[83] 그러니 이 길로 가는 것을 피할 이유가 무엇인가? 그리고 우리의 몸과 관련해서는, 불완전하고 죄로 가득 찬 이 몸을 벗어 버리

고 새로운 몸을 얻는데 "우리는 마땅히 행복해 해야 하지 않는가" 라고 질문한다.[84] 우리가 지금 속해 있는 세상과 우리가 가는 세상과 관련해서도 같은 말을 할 수 있다. 백스터는 죽어 가는 신자들에게 이 두 세상을 비교하여, 우리를 죄로 물든 이 세상에서 구하시는 것이 하나님의 자비라는 결론에 이르도록 권고한다. 우리는 날마다 죄를 덜 짓고 더 거룩하게 해달라고 기도한다. 그렇다면 그 온전함에 이를 수 있는 이 때에 (즉, 죽을 때에) 우리가 어떻게 두려워하고 불평할 수 있는가? 우리는 날마다 슬픔과 죄와 연약함과 고통과 염려와 의심과 유혹과 싸우며 투쟁한다. "그렇다면 그리스도와 함께 있는 것이 더 바람직하지 않은가? ... 그런데도 우리들은 가는 것을 그렇게도 원치 않는가?"[85] 백스터는 이 세상에서 사는 것이 어려운 모든 것을 묻고 열거한다. 그래서 <지침 16>과 <지침 17>은 바르게, 그리고 적시에 준비를 하라고 권고한다. "당신의 재산을 일찍 정리하라. 세상의 문제들이 당신의 마음을 산란시키거나 분산시키거나, (심지어) 해체시키지 못하도록 하라."[86] 재산이 많은 사람들은 미리 조치하여서 그 상당 부분이 자선의 일이나 하나님을 섬기는 다른 방식으로 가도록 하라고 한다. 이 재산이 사실 하나님으로부터 온 것이기 때문이다.[87] 특별히 자녀가 없거나 자녀가 있어도 잘못된 길로 가서 그 부모의 재산을 받기에 합당치 않은 사람들에게 특히 이런 것이 중요하다.

또한 "어떤 유능하고 신실한 인도자와 위로자를 얻어 병 가운데도 당신과 함께 하며, 상담하고, 의심을 해소시키며, 당신이 연약하여 스스로 그렇게 할 수 없을 때에, 당신을 위하여 기도하게 하고, 천상적인 것들을 논의하도록 하게 하는" 것은 매우 필수적이다. 병들고 죽어 갈 때에 우리는 선한, 영적인 동료들을 필요로 한다. 이 모든 지침들은 백스터가 그의 마지막 지침 가운데서 요청한 다음의 것을 이루는 데 도움을 주기 위한 것이다: "사람들을 끝까지 파멸시키기 위해 사탄이 사용하는 사탄의 모든 유혹에 대항하여 강하게 준비하고, 마지막 전투에서도 서 있으라! (영광의) 면류관이 너의 것이니."[88]

백스터에 대한 논의의 결론

백스터는 중세적 '죽음의 기술'(Ars Moriendi)이
라는 장르를 가져다가 마틴 루터가 그리한 바와 같
이 종교개혁적 방식으로 변용하였다. 그의 접근은
영원한 구원의 확실성에 초점을 가진 목회적인 것
이다. 그러나 그에게 천상의 삶의 핵심은 죄인의 구
원보다는 하나님과의 교제였다.

결론

1590년에 튜빙겐의 인쇄업자였던 게오르그 그루펜바하(Georg Gruppenbach)가 출판해 낸 목판화는[89] 칼빈주의자들과 청교도들이 죽음과 죽어감에 대해서 가지고 있었던 광장한 공포에 대한 일반적 심상(心象, image)을 확증해 주는 것처럼 **보인다**. 침상에 있는 사람 – 아마도 칼빈 자신을 묘사한 것으로 보이는데- 그는 죽어 가는 칼빈주의자들을 묘사하는 것이다. 즉 그들은 예정론 때문에 절망 가운데 있는 것으로 묘사되고 있다. 죽음이 가까이 오는데 목회자는 별로 위로를 주지 못하는 상황이 묘사되어 있다. 이 목판화가 전하려고 하는 메시지는 몇몇 성경 구절이 언급된 것으로 보아 예정 교리가 비성경적이라는 인상을 주려는 것이다. 청교도적 예정 교리도 특히 죽음 순간에는 절망과 두려움을 준다고 말하려고 한다. 그러나 칼빈과 우르시누스나 다른 칼빈주의자들의 작품들을 분석한 결과에 따르면 이미 그들이 죽음에 대해서 말하고 썼던 바는 이 목판화가 전달하는 이미지와는 상당히 다르다는 것을 이미 확인하였다. 이제 우리는 오웬과 백스터도 이 그룹에 더하여 생각할 수 있을 것이다. 루터가 중세적 죽음의 기술에 가져온 변화, 즉 불안의 현실을 무시하지 않으면서도 의심에서 확실성으로 변화시킨 그 변화는 오웬과 백스터의 견해에서도 분명히 나타난다. 그들의 작품 어디에도 죽음에 대한 심각한 공포의 흔적이 없다. 사실 그 정반대가 옳으니, 죽음은 영원한 영광으로 나아가는 행복한 전이라고 여겨진 것이다. 그리고 죽음과 죽어감은 그들의 저작에서 주변의 주제일 뿐이니, 그들의 초점은 하나님 앞에서의 거룩한 삶에 있었기 때문이다. 죽음은 하나님 앞에서 사는(living *Coram Deo*) 것으로부터 하나님을 면대면하여 보는 것으로 업그레이드 하는 것이다. 이런 견해는 우리가 가진 오웬의 마지막 편지의 한 인용문에 잘 나타난다. 여기서 그는, 백스터와 함께 말하자면, "죽기를 싫어하지" 않는다.
1683년 8월 22일자 편지에 그는 이렇게 말한다:

나는 내 영혼이 사랑했던, 아니 오히려 영원한 사랑
으로 나를 사랑하셨던 그 분에게 갑니다. 이것이 나
의 모든 위로의 근거입니다.[90]

1) Calvin, 72 (Job 19:26-29), 337, b. 49 (CO 34:130). 이 불 어 번역은 합신에서 아랍어를 강의하시는 안석열 선교 사님의 따님인 안임주 자매께서 해 주신 것임을 밝히며 감사를 표합니다.

2) 그러나 칼빈의 죽음관을 다루는 장을 가진 책들과 논문 들은 상당히 있다. Cf. Raimund Lülsdorff, Die Zukunft Jesu Christi. Calvins Eschatologie und ihre katholische Sicht (Paderborn 1996), 70-83; Donald McKim, "Death, Funeral and Prayers for the Dead in Calvin's Theology," Calvin Studies VI (1992); Margaret R. Miles, "Theology, Anthropology, and the Human Body in Calvin's Insti- tutes of the Christian Religion," The Harvard Theologi- cal Review 74/3 (Jul 1981): 303-23.

3) Bruce Gordon and Peter Marshall, The Place of the Dead. Death and Remembrance in Late Medieval and Early Modern Europe (Cambridge 2000); Craig Kolkofsky, The Reformation of the Dead: Death and Ritual in Early Modern Germany, 1450-1700 (London and New York 2000); Austra Reinis, Reforming the Art of Dying. The Ars Moriendi in the German Reformation (St Andrews Studies in Reformation History) (Aldershot 2007); and Tarald Rasmussen, "Hell Disarmed? The Function of

Hell in Reformation Spirituality," Numen 56 (2009): 366-84.

4) John Calvin, Sermons on the Book of Micah, translated and edited by Benjamin Wirt Farley (Phillipsburg, 2003), 248.

5) 리용 감옥에 있던 수감자에게 칼빈이 1533년 8월 22일자로 보낸 편지를 보라(CO 14, 561-62). 칼빈은 미가서 5:8을 본문으로 한 설교에서도 같은 말을 한다: Jean Calvin, Sermons sur le Livre de Michée, publiés par Jean Daniel Benoît (Neukirchen-Vluyn, 1964), 168, 29-31.

6) Calvin, Institutes, 3. 9. 5. 배틀즈의 번역을 사용했음.

7) Calvin, Institutes, 3. 9. 5.

8) Calvin, Sermon on Micah 5:8 (French edition, 1681), English translation, Sermons on the Book of Micah, 296.

9) Calvin, Psychopannychi, ed., Zimmerli, 101.

10) Calvin, Commentary on Genesis 38:7, 101: "... Plenum esse terroris ac desolationis ...."

11) Calvin, Commentary on Genesis 38:7.

12) Calvin, Commentary on I Corinthians, 15.

13) Calvin, Commentary on Philippians 1:23.

14) Calvin, Institutes, 1. 17. 3.

15) 이 중요한 문장을 강조하기 위한 원문 대조: "God has a plan, but we have our responsibility."

16) Calvin, Commentary on Philliphians 1:12.

17) Calvin, Institutes, 3. 9. 5.

18) Calvin, Commentary on 1 Corinthians, 6:13=CO 49, 397.

19) Calvin, SC 1, 344.2: "It seems as if David has lost all human affection."

20) Calvin, SC 1, 343, 21: "'Il voyt là un poure enfant endurer, or Dieu luy monstre comme en un miroir ce qu´il a desseruy." (하나님은 괴로움을 견디는 불쌍한 아이를 보신다. 하나님은 그에게 그가 마땅히 당해야 하는 것을 [그 아이에게서] 거울처럼 보여주시는 것이다.) 불어 번역은 역시 안임주 자매의 도움으로 된 것이다.

21) Calvin, SC 1, 343, 42. 또한 SC, 344, 26: "Ainsi donc, de mener dueil, c´est une affection humanine, quand quelcun des nostres est trespassé." (그러므로 우리 각자의 것이 다 지나갔을 때 죽음으로 인도된다는 것은 [바로] 인간에게 자연스러운 것이다.) 불어 번역은 역시 안임주 자매의 도움으로 된 것이다.

22) Calvin, SC 1, 344, 16-17: "…que ce doit estre comme un monstre, si un pere ne pensepoint de la mort de son enfant et n´en face que hocher la teste." (만일에 아버지가 자기 아이의 죽음을 생각하면서 고개를 내젓지 않는다면 [즉, 애통을 표현하지 않는다면] 그것은 괴물만도 못한 것이다). 불어 번역은 역시 안임주 자매의 도움으로 된 것이다.

23) Calvin, Commentary on Matthew 5:25.

24) Calvin, Commentary on 1 Thessalonians 4:13.

25) Calvin, Commentary on Genesis 11:4.

26) Susan C. Karant-Nunn, The Reformation of Feeling (Oxford: Oxford University Press, 2010), 202-203.

27) Calvin, Job 10, 21, 200-201.

28) Calvin, Commentary on Genesis 3:19.

29) 이 에라스무스적 배경을 보도록 인도해 준 오리베르 밀
레(Olivier Millert)에게 감사를 표한다. 밀레는 다음 글
에서 이 편지를 많이 다루고 있다. Olivier Millert, "Doc-
trine réformatrice et pratique humaniste de la consola-
tion chez Calvin," in BULL. SOC. HIST. PROT. FR. (juil-
let-août-septembre 2011), 323-29.

30) Calvin, Brief 27.8.1561

31) Matthew 26:41.

32) Calvin, Commentary on Luke 12:50.

33) Ursula Rohner-Baumberger von Rebstein, Das Begräb-
niswesen im Calvinistischen Genf (Basell: Stehlin, 1975),
19-31.

34) David E. Stannard, The Puritan Way of Death: A Study
in Religion, Culture, and Social Change (New York: Ox-
ford University Press, 1977), 79. 또한 다음 논문들도 보
라: David E. Stannard, "Death and Dying in Puritan New
England," The American Historical Review 78/5 (1973):
1305-130; David E. Stannard, "Death and the Puritan
Child," American Quarterly 26/5 (1974): 456-76; David
E. Stannard, The Puritan Way of Death: A Study in Re-
ligion, Culture, and Social Change. (New York: Oxford
University Press, 1977). 좀더 균형 잡힌 견해가 Petra
Holubová의 다음 결론이다: "17세기와 18세기 뉴잉글랜
드에서 죽음에 대한 청교도의 태도는 양면적이었고, 영원
한 정죄의 가능성에 대한 공포와 (그로부터의) 구원에 대
한 희망 모두를 포함하고 있었다는 것이 다시 강조되어야

만 한다"("The Puritan View of Death: Attitudes toward Death and Dying in Puritan New England," unpublished thesis, Prague, 2011, 81).

35) 이제까지는 이 문제에 대한 문헌이 그렇게 많지 않은 상태이다. Cf. David Sceats, "'Precious in the Sight of the Lord...': The Theme of Death in Puritan Pastoral Theology," Churchman 95/4 (1981).

36) Randall C. Gleason, John Calvin and John Owen on Mortification: A Comparative Study in Reformed Spirituality (New York: Peter Lang, 1995).

37) Sinclair B. Ferguson, John Owen on the Christian Life (Edinburgh: Banner of Truth, 1987), 278.

38) Crawford Gribben, John Owen and English Puritanism: Experiences in Defeat (New York: Oxford University Press, 2016), 103: "오웬은 그의 저작 가운데서 그의 자녀들의 죽음을 한 번도 언급한 적이 없다."

39) 오웬의 히브리서 주석으로부터의 인용은 굴드가 편집한 판(the Goold-edition)에서 할 것이다. 이 주석에 대한 좋은 소개로 다음을 보라. John W. Tweeddale, "John Owen′s Commentary on Hebrews in Context," in Kelly M. Kapic and Mark Jones (eds.) The Ashgate Research Companion to John Owen′s Theology (Surrey: Ashgate, 2012), 49-63.

40) Owen, Hebrews, in Works, 19:438.

41) Owen, Hebrews, in Works, 19:437: "1. As to their natural condition, that he did partake of it, he was so to do: 'He also himself did partake of the same.' 2. As to their moral

condition, he freed them from it: 'And deliver them.'"

42) Owen, Hebrews, in Works, 19:438.

43) Hebrews, in Works, 19:439.

44) Hebrews, in Works, 19:439.

45) Hebrews, in Works, 19:439.

46) Owen, Hebrews, in Works, 19:440: "And all these things concur in the bondage here intended; which is a dejected, troublesome state and condition of mind, arising from the apprehension and fear of death to be inflicted, and their disability in whom it is to avoid it, attended with fruitless desires and vain attempts to be delivered from it, and to escape the evil feared."

47) Owen, Hebrews, in Works, 19:440.

48) Owen, Hebrews, in Works, 19:441.

49) Owen, Hebrews, in Works, 19:441.

50) Owen, Hebrews, in Works, 19:441.

51) Owen, Hebrews, in Works, 19:442: "This estate, then, befalls men whether they will or no. And this is so if we take bondage passively, as it affects the soul of the sinner; which the apostle seems to intend by placing it as an effect of the fear of death."

52) Owen, Hebrews, in Works, 19:446.

53) Owen, Hebrews, in Works, 22:502.

54) Owen, Hebrews, in Works, 19:449.

55) Owen, Hebrews, in Works, 19:449: "All sinners out of Christ are under the power of Satan. They belong unto that kingdom of death whereof he is the prince and ruler."

56) Owen, Hebrews, in Works, 19:450: "The destruction, then, here intended of 'him that had the power of death,' is the dissolution, evacuation, and removing of that power which he had in and over death, with all the effects and consequences of it."

57) Owen, Hebrews, in Works, 19: 452: "The fear of death being taken away, the bondage that ensues thereon vanisheth also. And these things, as they are done virtually and legally in the death of Christ, so they are actually accomplished in and towards the children, upon the application of the death of Christ unto them, when they do believe."

58) 예를 들어서 그의 『멸망될 마지막 원수인 죽음에 대한 논고』(A Treatise of Death, the Last Enemy to de De-stroyed)라는 94쪽에 걸친 논의를 보라(The Practical Works of Richard Baxter, vol. 17, 510-604).

59) 이 어귀는 1879년에 나온 『성공회 찬송가』(A Church of England Hymn Book, 1879) 256장에 나오는 어귀이기도 하다: "죽음에서 생명에로 옮겨졌네. 그런데 죽기를 싫어하네" - "Dead to life, yet loath to die.")

60) Richard Baxter, A Treatise on Self Denial (London, 1675).

61) Richard Baxter, The Practical Works of Richard Baxter, vol. 3, 420-33.

62) Direction II, in Baxter, Directions for a Peaceful Death.

63) 죽음의 기술에 대한 많은 문헌에 대한 소개로 다음을 보라: Austra Reinis, Reforming the Art of Dying: The

Ars Moriendi in the German Reformation (1519-1528) (Aldershot: Routledge, 2007), 1-6. See also Luise Schottroff, Die Bereitung zum Sterben- Studien zu den frühen reformatorischen Sterbebüchern, vol. 5 of Refo500 Academic Studies, ed., Herman J. Selderhuis (Göttingen: Vandenhoeck & Ruprecht, 2012).

64) Direction I.

65) Direction II.

66) Direction III.

67) Direction IV.

68) Direction IV.

69) 요 3:16; 행 13:39; 히 8:12; 사 40:11; 갈 5:17; 요 6:37; 눅 17:5; 고후 5:1-6, 8; 빌 1:23; 계 14:13; 고전 15:55; 행 7:59.

70) Direction VI.

71) "But having spoken of this so largely in my Saints' Rest, I must stop here, and refer you thither."(Direction VI).

72) Direction VII.

73) Direction VII.

74) Direction VII: "그들과 함께 함을 원하지 않는가? 그들의 지복을 갈망스럽지 아니한가?("Is not their company desirable? And their felicity more desirable?")

75) Direction VII: "Though it must be our highest joy to think that we shall dwell with God, and next that we shall see the glory of Christ, Yet is it no small part of my comfort to consider, that I shall follow all those holy persons, whom I once conversed with, that are gone before me."

76) Direction VII: "나는 나 자신의 기쁨과 위로를 위해 이 명단을 제시한다. 내가 하늘에서 어떤 분들과 함께 할 것이지를 아는 것은 기쁨을 준다"("I name these for my own delight and comfort; it being pleasant to me to remember what companions I shall have in the heavenly joys and praises of my Lord.")

77) Direction VIII: "If you say, I fear I have not this earnest of the Spirit; whence then did your desires of holiness arise. what weaned you from the world, and made you place your hopes and happiness above? Whence came your enmity to sin, and opposition to it, and your earnest desires after the glory of God, the prosperity of the gospel, and the good of souls? The very love of holiness and holy persons, and your desires to know God and perfectly love him, do show that heavenly nature or spirit within you, which is your surest evidence for eternal life: for that spirit was sent from heaven, to draw up your hearts, and fit you for it; and God does not give you such natures, and desires, and preparations in vain."

78) Direction IX: "Look also to the testimony of a holy life."

79) Direction IX.

80) Direction IX: "Seeing therefore the Spirit has given you these evidences, to difference you from the wretched world, and prove your title to eternal life, if you overlook these, you resist your Comforter, and can see no other ground of comfort, than every graceless hypocrite may see."

81) Direction XI.

82) Direction XII.

83) Direction XIII.

84) Direction XIV: "Remember both how vile your body is, and how great an enemy it has proved to your soul; and then you will the more patiently bear its dissolution. It is not your dwelling-house, but your tent or prison, that God is pulling down."

85) Direction XV.

86) "Settle your estates early, that worldly matters may not distract or discompose you."

87) "And if God has endowed you with riches, dispose of a due proportion to such pious or charitable uses, in which they may be most serviceable to him that gave them you."

88) Direction XVIII.

89) © Historical Museum of the Reformation. Exposed at the International Museum of the Reformation (Geneva).

90) Peter Toon, ed., The Correspondence of John Owen (Cambridge: James Clarke, 1970), 174: "I am going to him whom my soul hath loved, or rather hath loved me with an everlasting love; which is the whole ground of all my consolation."